Für meine Männer,
die Gewinner meines Herzens.

Gewinner der Herzen

1. Auflage Mai 2019

Detaillierte bibliographische Daten sind unter http://dnb.ddb.de bei der Deutschen Nationalbibliographie abrufbar.
Umsetzung: chiliverlag
Umschlagfotos Kinder: Евгений Саранюк
Autorenfoto Seite 128: Nicole Reckersdrees, privat

ISBN 978-3-943292-78-7 www.chiliverlag.de

Nicole Reckersdrees

Gewinner der Herzen

Aus dem heiteren Familien-Universum
einer leidenschaftlichen Mutter

chili verlag

Inhalt

Ein Sonntag im Bett

Wer träumt nicht davon: ein Sonntagmorgen im Bett, draußen stürmt und schneit es, drinnen ist es muckelig warm – und vor allem herrlich ruhig. Der zarte Duft von Kaffee steigt einem in die Nase, ein Hauch von frischgebackenem Brot liegt in der Luft und in der Ferne scheinen Violinen zu spielen ... Die Welt ist schön.

Da man aber gerade so schön warm verpackt im Bett liegt, hält man es für einen wunderbaren Traum und schläft glatt wieder ein ...

Mein Sonntagmorgen sah so aus – ich muss etwas ausholen, da es am Samstag eigentlich schon begann:

Da die Kinder mal wieder nicht gerade das Muster an Vorbildlichkeit waren, mussten sie sich mit den Sätzen *Absolutes TV-Verbot!* und *Ab ins Bett!* abfinden. Das trifft natürlich die kleinen, zarten Kinderseelen da, wo es weh tut! Und diesem Umstand hatte ich es wohl zu verdanken, dass mein Sonntagmorgen dann auch etwas anders ausfiel ...

Gequält vom schlechten Gewissen meinten die Kinder, wohl kleine Brötchen backen zu müssen (oder besser gesagt, Toast in den Toaster werfen zu müssen) und Mami und Papi eine besondere Freude zu machen. So weit eigentlich ne richtig gute Idee!!!

Ich wurde irgendwann jäh aus meinen Träumen geweckt, als sich eine kleine kalte Hand an meiner Schulter zu schaffen machte. Gerade überlegte ich noch, ob ich mich tot stellen sollte, als Worte an mein Ohr drangen, die jede Mutter just mit so viel Adrenalin pushen, dass sie gar nicht mehr weiß, was Müdigkeit ist:

„Mami, du musst mal schnell mit in die Küche kommen. Wir wollten Euch eine Freude machen und Frühstück ans Bett bringen (da denkt man kurz: *Aber Klei-*

ner das ist doch toll, kein Grund zur Panik!!!), wir haben auch Kaffee gekocht, aber irgend etwas ist da schief gelaufen!"

Spätestens jetzt wird man richtig wach!

„Und jetzt hört der Kaffee gar nicht mehr auf zu laufen und die ganze Küche ..."

So, jetzt hast du richtig Stress und ab hier hörst du auch gar nicht mehr zu und sprintest einfach nur los.

Das Betreten meiner geliebten Küche ließ mein Herz höher schlagen. Aber erst einmal musste ich die Kinder beruhigen, die echt unglücklich waren! Ich konnte gar nicht sauer sein, so hilflos und verzweifelt waren sie! Erst einmal nahm ich sie in die Arme und freute mich über ihre – eigentlich – so nette Idee. Doch dann musste ich ziemlich schnell eingreifen, um die Bildung von Wasserpflanzen oder Kleinstlebewesen zu verhindern, denn der Kaffee breitete sich immer noch überall aus. Die Kaffeekanne, die Arbeitsplatte, die Frühstücksbrettchen, der Toaster, einfach alles war von der braunen Flüssigkeit getränkt. Auch der direkt darunterliegende Tupperschrank blieb nicht verschont ... Beim Öffnen wehte mir ein zarter Hauch von Kaffee entgegen und auch hier leistete der braune Muntermacher ganze Arbeit : Ich wurde immer munterer!!! In den vielen unzähligen blauen, grünen, gelben und orangenen Schälchen und Dosen hatten sich kleine Kaffeepfützen gebildet, die mich fröhlich wabernd angrinsten, als wollten sie mir sagen: *Glaub nur nicht, dass das schon alles war ...!* Aber Gott sei Dank war es ja nur der Vorratsbehälter- und nicht der Vorratsschrank mit all seinen schönen Pappkartons und Papiertüten. Ich stelle mir erst gar nicht vor, wie es ausgesehen hätte, wenn Mehl oder Zucker ...

Naja, lassen wir das. Es ist ja noch mal gut gegangen!

Tja, Kinder geben einem halt soooooo viel!!

Aufklärung

Hat man Kinder im Haus, muss man sich ja praktisch täglich neuen Herausforderungen stellen. Eine Riesenaufgabe ist es sicherlich, ständig die *wichtigen* Fragen zu beantworten!

Wenn es z.B. um Aufklärung geht!!! Oh ja – allseits gefürchtet und unbeliebt! Aber was nützt es? Da muss man durch!

Es gibt ja nicht nur *die* klassische „Aufklärungs-Frage" nach der Herkunft der Babys, oh nein, da gibt es noch soooo viel mehr ...

Es war ein verregneter Tag – ideal, um Einkäufe zu tätigen. Wir waren mit den Kindern in einem Möbel-Discounter und schauten uns um. Natürlich fanden die Kinder sofort irgendwelche wichtigen Dinge, die unbedingt gekauft werden mussten, während wir unschlüssig durch die Gänge wandelten. Unser Großer hatte sich sehr bald in einen Spielteppich verliebt, auf dem man *Mensch ärgere Dich nicht spielen* konnte. Diesen Teppich fand ich richtig klasse und hatte grundsätzlich nichts gegen den Kauf einzuwenden. Allerdings schoss mir gleich durch den Kopf, dass sein Geburtstag nicht mehr weit – und somit ein perfektes Geschenk gefunden war! Also redete ich mit Engelszungen auf ihn ein und sagte, er könne sich den Teppich zum Geburtstag wünschen. – So viel zu Mamas theoretischer Problemlösung. Die Praxis unseres Großen sah da natürlich ganz anders aus. Der Teppich musste *jetzt sofort* gekauft und bespielt werden. Die klassische Pakt-Situation, die einfach alle Eltern lieben!!!

Nach Endlos-Diskussionen wurde der Teppich gekauft, aber bis zum Geburtstag weggestellt.

Ich versteckte ihn in die hinterste Ecke unseres Schlafzimmers. In einer Nische zwischen Wand und

Kleiderschrank, in der sonst nichts anderes Platz hatte – einfach ideal!

So vergingen die Wochen und bald war Weihnachten. Den Teppich in der Nische hatte ich längst vergessen. Eher durch Zufall entdeckte ich ihn wieder, ärgerte mich zunächst über meine Vergesslichkeit, ihn nicht zum Geburtstag verschenkt zu haben, machte dann aber aus der Not eine Tugend und beschloss, dass der Teppich ein hervorragendes Weihnachtsgeschenk abgeben würde.

Heiligabend war gekommen und die Teppichrolle lag hübsch verpackt unter´m Christbaum und wartete auf ihren großen Auftritt.

Als wir aus der Kirche zurückkamen, waren unsere Jungs total ärgerlich, als sie merkten, dass sie das Christkind schon wieder verpasst hatten. Sie beschlossen, von nun an Heiligabend nicht mehr mit in die Kirche zu gehen ... *Das wäre doch ein Witz, wenn man das Christkind nicht einmal zu Gesicht bekäme!*

Als sie sich endlich wieder gefasst hatten, stieg die Unruhe und Neugier. Was war bloß in all den hübsch verpackten Geschenken? Die kleinen Beinchen und Arme flatterten hin und her und sie waren kaum zu halten. Und dann durften sie sich endlich auf die Geschenke stürzen.

Irgendwann war der Teppich an der Reihe! Unser Großer packte ihn aus, verharrte einen Moment in absoluter Stille (kommt vor – wenn auch nur sehr selten!) und man sah förmlich, wie es in ihm arbeitete. Dann sah er uns an, sagte aber kein Wort. Plötzlich sprang er auf und rannte ins Schlafzimmer! – Nein, das kann doch jetzt nicht sein, dachte ich noch – das Teil war so genial versteckt, das konnte er unmöglich vorher gesehen haben! – Oder??? Aber: er hatte!!!

Mit einem breiten Grinsen im Gesicht (hätte er keine Ohren, hätte er im Kreis gegrinst ...) kam er siegessicher ins Wohnzimmer zurück, baute sich vor mir auf und versetzte mir den finalen, verbalen Todesstoß:

„Ich hab`s doch gewusst! Das Christkind gibt es gar nicht – das ward IHR!"

Ich weiß nicht, was schlimmer war: die Tatsache, dass er uns entlarvt hatte, oder die Gewissheit, dass ab nun ein Stückchen des Weihnachtszaubers verloren war, der an Weihnachten in der Luft liegt. Ab nun würde es anders werden – das war mir klar und ich war traurig.

Zum Glück aber schaute ich dann zu unserem Jüngsten, der gedankenversunken an seiner neuen Werkbank hantierte und glückselig verkündete, dass das Christkind soooo lieb wäre.

Da hüpfte mein Herz wieder und ich wusste: Es liegen doch noch ein paar „zauberhafte" Weihnachten vor uns ...

Babuschka sei Dank!

Es war einer dieser Tage, an denen man sich sehr schnell fragt: *Warum bin ich eigentlich aufgestanden?*

Die Kinder, respektive der *Große,* waren direkt nach dem Aufstehen schon quer. Nichts war ihm recht, an allem gab es etwas auszusetzen. Wahrscheinlich breitete sich gerade in seinem kleinen, jungenhaften Körper wieder ein Schub Testosteron aus, was ihn jedes Mal zum Super-Macho in XXS mutieren ließ.

Okay, es war also genau so ein Tag. Dazu auch noch ein klassischer, eiskalter Novembermorgen mit viel Regen, Wind und schlechter Laune ...

Ich hatte einen Arzttermin mit den Kindern und war natürlich spät dran. Bis ich die Kinder verpackt hatte, der Witterung entsprechend waren dies Strumpfhosen, Thermohose, Unterhemd, Sweatshirt, Winterjacke, Mütze, Schal und Handschuhe, war ich schon wieder schweißgebadet und eine erneute Dusche hätte mir sicher gutgetan. Aber daran war nicht zu denken, denn ich hatte es ja eilig. Als ich dann auch endlich meinen Mantel übergeworfen hatte, nahm ich unseren Jüngsten hoch, um ihn in den Baby-Safe zu legen, als es mich kalt erwischte. Ein penetranter Angriff auf mein Riechorgan! Das wohlige, breite Grinsen in seinem kleinen Engelsgesicht gab mir Recht und ließ keinen Zweifel offen!!! Der Gestank war nicht das Schlimmste, das Brennen in den Augen war unglaublich ... Das konnte ich zwar nun gar nicht gebrauchen, aber was soll`s? – Neben lautem Protest des Großen, der mittlerweile vor Hitze in seinem warmen Winter-Ausgeh-Dress anfing zu brodeln, wickelte ich den kleinen Stinker und freute mich schon auf den Abend ...

Als ich dann endlich im Auto saß, merkte ich, dass ich das Vorsorgeheft der Kinder vergessen hatte. Also noch einmal hinein und dann aber los. Der Gang zum

Arzt wurde zum *Protest-Marsch*, doch irgendwann hatte ich es geschafft. ENDLICH!

Aber dann kam die Kür! Ich musste noch einkaufen. Oh ja! Jede Mutter, die Kinder in diesem Alter hat, weiß, was ich meine!!! Also los, ab in die Höhle des Löwen.

Der Große war – wie gesagt – nicht bester Laune, als ich mich mit dem immer schwerer werdenden Baby-Safe am langen Arm und dem nörgelnden Kraftpaket am anderen über den Marktplatz schleppte. Oh ja, die mitfühlenden Blicke der übrigen Passanten waren mir sicher!

Besonders nett sind dann die Blicke von Müttern, die gerade alleine unterwegs sind, weil die Kinder bei der Oma sind oder weil sie noch zu müde sind zum Nörgeln.

Man sieht es ihnen schon von Weitem an!

„Ach du liebe Zeit! Die hat ja ihre Kinder gar nicht im Griff!", scheinen sie zu sagen. Statt eine Allianz zu bilden, spürt man ihren vorwurfsvollen Blick und das verständnislose Kopfschütteln begleitet einen noch eine Weile.

Doch der Höhepunkt war noch nicht erreicht – es geht nämlich immer noch etwas schlimmer!!! Irgendwann riss sich der kleine Querulant von meiner Hand los und warf sich auf den Boden – auf den kalten, vom Regen geschwängerten Boden – und strampelte mit Händchen und Füßen und schrie lauthals! Gelungener Auftritt! Denn spätestens jetzt guckte auch der letzte Passant zu uns herüber.

Ja, es gibt so Tage, an denen man besser im Bett bleiben sollte!

Okay, das half mir jetzt nicht weiter. Mit Engelszungen betete ich auf dieses Kind ein, aber scheinbar sprach es eine andere Sprache. – *Hey, bin ich überhaupt die Mut-*

ter, wenn es mich nicht versteht??? Ich griff zu Plan B – der besagt: *Geh einfach weiter, der kommt schon hinterher!* Ich ging also unter erschwerten Bedingungen über den Marktplatz, das Geschreie vom kleinen Wüterich wurde immer lauter, als sich plötzlich eine alte Dame berufen fühlt, sich des armen Kindes anzunehmen.

„Is sich eine bööööse Mama. Läässt dich soo aaalleiiiineee. Oh, kooomm, kooomm zu miir. Bööse, bööse Maama!"

Meine Kinnlade klappte ins Bodenlose, meine Augen weiteten sich und mein Gesicht verzog sich zu einer bösen Grimasse! Wie kam diese polnische Babuschka dazu, mich als *bööööse Maama* zu titulieren? Was jetzt allerdings folgte, war so schön, dass ich noch heute – Jahre danach – dieser alten Dame dankbar bin!!! Der kleine Schreihals, der ebenfalls sprachlos geworden war, stand postwendend auf, kam zu mir, packte meine Hand und zerrte mich vom Ort des Geschehens weg. Den Rest des Tages hatte ich einen handzahmen Jungen, der nicht mehr von meiner Seite wich.

Das nenne ich kulturübergreifende Erziehung!!! *Danke, Babuschka!*

Der Rollbraten als Täter

Es war einer dieser Tage, an denen das halbe Dorf auf dem Wochenmarkt versammelt war. Und so zog ich mit unserem Jüngsten los, um meine Einkäufe zu tätigen.

Die Schlange vor *meinem* Metzger, bei dem ich schon seit Jahren die wöchentliche Ration Frischfleisch für meine Raubtiere kaufe, war enorm lang. Aber was tut man nicht alles, um nur die besten Rohwaren für seine Lieben zu erwerben ...

Der Kleine stand artig neben mir und betrachtete die reich gefüllte Auslage, was sollte er auch sonst tun? Hätte er sich umgedreht, hätte er auf lauter Bäuche gestarrt, da er von Erwachsenen umzingelt war!

Also ruhte sein Blick auf den Auslagen – genau wie meiner, denn ich hatte eine Mission zu erfüllen! Was gab es an Angeboten? Was hatte mein Mann heute morgen noch gesagt, was ich unbedingt mitbringen sollte? Reichten wohl 100 Gramm Schinken, oder doch lieber ein wenig mehr?

Wie durch einen Nebel hörte ich ein zartes Stimmchen: „Mama, warum ist denn das Fleisch im Gefängnis?"

Zunächst fühlte ich mich gar nicht angesprochen. Meine Gedanken waren einfach viel zu fokussiert und kreisten immer noch um die Frage, was sich mein Mann am Morgen noch gewünscht hatte ... Was war es denn noch gleich?

Da hörte ich ein zweites Mal: „Mama, warum muss das Fleisch denn jetzt ins Gefängnis?"

Seltsamerweise war es schlagartig mucksmäuschenstill um uns. Ich erinnere noch einmal: Es war rappelvoll und um uns herum standen zahlreiche gesprächsfreudige Frauen, deren Geräuschpegel an eine Sambafahrt erinnerte!!! Aber *jetzt* war alles STILL!!! Als ich also im

Hier und Jetzt angekommen war, sah ich, was unser Sohn meinte: sein Blick ruhte auf einem frischen Rollbraten, der klassischerweise in einem Netz eingebunden war. Ah, ja!

Mit knappen Worten erklärte ich ihm, was da vor uns lag. Und als dann auch die letzte Hausfrau an diesem Stand kapiert hatte, um was es hier ging, folgte ein Trommelwirbel an guter Laune. Alle brachen in Gelächter aus, man schlug sich auf die Schenkel vor Lachen. – Na bitte, *A new Star was born!!!*

Unser kleiner Pfadfinder verstand wie so oft die Welt (der Erwachsenen) nicht mehr und schaute mich Hilfe suchend an.

Ich schaute zurück – voller Stolz und voller Überraschung – denn wer vermutet schon so eine scharfsinnige Frage beim bloßen Anblick eines Rollbratens???

Tja, das haben die Kids uns Alten einfach voraus: Sie sehen die Dinge noch, wie sie sind: einfach und unverfälscht. Kindlich genial!!!

Die Zeiten ändern sich

Ich kann mich nicht mehr glasklar an meine Zeit als Siebenjährige erinnern, aber eines weiß ich sicher: Ich hatte andere Gedanken als die Kids heute!!!

Ich weiß noch, dass ich im zarten Alter von 7 mit meiner Mama „Gänseblümchen-Kränze" für´s Haar geflochten habe. Anschließend habe ich mir Gedanken gemacht, wieso meine Mama das so toll kann und bei mir die zarten Stängelchen immer verknicken!? So fing es an. Dann kam die Barbie-Zeit und ich wurde schon forscher!!! Ich habe mit meiner Freundin Barbie gespielt, Ken und Barbie nackt auf das Barbie-Bett im Barbie-Haus gelegt und bis zum nächsten Tag auf Barbie-Babys gewartet. Enttäuscht mussten wir feststellen, dass wir so nicht die Barbie-Familie erweitern konnten!!! Da musste ich schon bis zum nächsten Weihnachtsfest warten, um dann voller Überraschung ein Barbie-Baby unterm Weihnachtsbaum zu finden – und da fragte ich mich dann so Sachen wie: „Brauchen die immer so lange, um Babys zu kriegen?" Und: „Wieso, in Gottes Namen, sind die in Geschenkpapier eingepackt?

Die Kinder von heute fragen sich da ja ganz andere Dinge ...

Als ich unseren Jüngsten gestern zu Bett gebracht hatte, machte ich mich noch im Bad zu schaffen, als sein zartes Stimmchen aus dem Kinderzimmer ertönte:

„Mama, kommst du noch mal?" –

„Was ist denn los? – Ich hab dich doch schon zu Bett gebracht!"

„Ja, aber ich muss dich noch was ganz Wichtiges fragen!"

Eine kleine Anmerkung: Es ist IMMER alles ganz wichtig, wenn er eigentlich schon im Bett liegt und schlafen soll ...

Aber gut, ich bin eben auch nur eine Frau und von Natur aus neugierig. Das ist ja quasi genetisch verankert, ich kann also gar nichts dafür ... Und aus diesem Grund ging ich noch einmal zu ihm.

Ich setzte mich auf die Bettkante, küsste seine ach so zarte Stirn und fragte ihn: „Also, mein Schatz, was ist denn so wichtig?"

„Mama, wenn man Sex macht ..." Er machte ein Pause.

Gedanklich rollte ich die Augen und bereute, überhaupt noch einmal in die Höhle des Löwen gegangen zu sein. Aber nun war ich hier und musste da durch.

„Wenn man also Sex macht, dann steckt der Mann doch den Penis in die Scheide, ne?"

„Ja, genau."

„Aber Mama, kann es dann nicht auch passieren, dass der Mann in die Frau pinkelt?" –

Ach du große Scheiße! Warum fragen die Kinder IMMER MICH solche Sachen? Warum nicht den Papa? Sehe ich aus wie ein Lexikon?

Was antwortet man einem Siebenjährigen sinnigerweise auf so eine Frage? Eine Möglichkeit wäre gewesen: „Warte noch 5 Jahre, dann hast Du das Thema vielleicht im Bio-Leistungskurs." Oder: „Du schreibst an Dr. Sommer vom Bravo-Team!" –

Aber nein, den lehrerhaften Dr. Sommer musste *ich* mimen und zwar jetzt!!!

Ich entschied mich für eine harmlose, sehr knappe Antwort und hoffte inständig, dass die Antwort nicht noch mehr Fragen aufwerfen würde.

„Nein, das kann nicht passieren. Der Mann kann dann vorher zur Toilette gehen ..." –

Gott sei Dank genügte ihm diese Aussage! Er drehte sich um und konnte nun beruhigt einschlafen.

Ich taumelte schweißgebadet aus dem Kinderzimmer. Meine Gedanken fuhren Karussel. War das pädagogisch unbedenklich? Was spielte sich in diesem kleinen Hirn bloß alles ab? Was würden denn da noch für Fragen kommen? Oh mein Gott, was für ein Abenteuer ...

Der Gedanke an die Zukunft machte mir Angst. Aber dann dachte ich plötzlich: *Hey, wenn sie „groß" sind, wissen sie vermutlich schon (fast) alles!*

Ihr Kinderlein kommet

Wie in jedem Jahr gab es in diesem Jahr zur Weihnachtszeit wieder Papas betriebliche Weihnachtsfeier. Wie in jedem Jahr wollte mein Mann gern von mir dort hin gebracht werden. Und wie in jedem Jahr schlenderte ich danach mit den Kindern anschließend über den dortigen, kleinen Weihnachtsmarkt, während der Papa so richtig schön feierte.

Wir schauten uns die Buden an, hörten den Klängen der Bläser zu und wärmten uns am großen Lagerfeuer. Es war schön – wie in jedem Jahr. Danach beschlossen wir, nach Hause zu fahren, um es uns so richtig gemütlich zu machen.

Die Kinder holten ihre Decken zum Fernseher und ich kredenzte heiße Schokolade und Weihnachtsplätzchen. Es ging uns so richtig gut – bis, ja bis es mir eben nicht mehr ganz so gut ging.

Ich hatte die heiße Schokolade in Verdacht, die mir nun bleischwer im Magen lag und jegliche Gemütlichkeit vom Sofa verdrängte!!! Um kurz nach acht brachte ich zunächst unseren Kleinen zu Bett. Und dort verweilte ich schon sehr viel länger, als ich wollte, denn meine Beine waren so schwer und mein Magen so verkehrt, dass ich mich nicht mehr bewegen wollte.

Irgendwann ging ich dann doch, sagte unserem Großen Bescheid, dass ich ins Bett müsse und wir gerne bei uns im Schlafzimmer noch ein wenig fernsehen könnten. Kaum hatten wir uns dort niedergelassen, musste ich die heiße Schokolade wieder hergeben ... (und sie war immer noch heiß!!!)

Unser Sohnemann verabschiedete sich sehr dezent für diesen Abend mit den besten Wünschen zur guten Besserung und verschwand fluchs in seinem Kinderzimmer. Die gute Besserung wollte sich allerdings partout nicht einstellen ...

Die Umarmung der Kloschüssel wurde zum Dauerbrenner, und als ich gegen elf Uhr völlig entkräftet und total fertig ins Bett fiel, wollte ich nur noch sterben.

Ich war gerade etwas eingedöst, als die Tür aufging und ich vermutete, dass mein Mann nun nach Hause gekommen sei. Diese Hoffnung zerbrach jäh, als ich ein zartes Stimmchen vernahm: „Mama, ich glaub, ich muss bre... ,"

Der Rest des Wortes, das niedliche „chen" kam mit solch einer Wucht aus seinem kleinen Mund, dass es nicht nur den Teppich bedeckte, sondern auch gleich die Tapeten, den Türrahmen (man ahnt ja nicht, wie verwinkelt so ein verfluchter Türrahmen ist ...) und meine teuren „Gabor"-Leder-Stiefel, die immer im Schlafzimmer standen, damit sie unten im Flur nur ja keinen Schaden nehmen konnten ... (ha, ha, ha, ich lach mich tot!!!)

Ich wälzte mich aus meinem Bett und schob meinen kleinen Patienten sanft zur Toilette, wo er seine Tortour fortsetzte. Ihm ging es so schlecht und ich streichelte seinen kleinen Rücken und redete leise auf ihn ein – der arme kleine Kerl. Nachdem die Hoffnung bestand, dass nun einen kleine *Kotzpause* gekommen war, zog ich ihn um, legte ihn in Papas Bett (das war ja immer noch frei) und widmete mich seinem „chen".

Es war so EKELHAFT!!!! Ich konnte mich ja wie gesagt selber kaum auf den Beinen halten, deshalb lag ich auf allen Vieren am Boden und versuchte diesen vier Buchstaben , dem „chen", Herr zu werden ... Ich konnte jedes Leinsamenkorn einzeln vom Teppich kratzen.

Und wenn man dann denkt, es geht nicht mehr, kommt von irgendwo ein Lichtlein her! –

Und wie das kam! In Form eines Lichtkegels aus dem Treppenflur. Mein Göttergatte war zurück gekommen!!! Endlich!!! Jetzt kam Hilfe!!! „Holder Ritter, hierher!"

Während ich schweißgebadet den Teppich und meine TEUREN Stiefel bearbeitete, hörte ich, wie er schwerfällig die Treppe Stufe für Stufe erklomm. Sofort starb in mir die Hoffnung auf Rettung und ein Gefühl der Hoffnungslosigkeit machte sich in meinem leeren Bauch breit.

Als er auch die letzte Stufe bezwungen hatte, staunte er nicht schlecht, dass seine Frau zu so später Stunde noch ihren hausfraulichen Pflichten nachging ...

Kommt Geburt von Bohren?

Dass manche Kinder mit einem goldenen Löffel geboren werden, hat man ja schon gehört, aber neu war für mich, dass es offenbar auch Kinder gibt, die mit Werkzeugen zur Welt kommen!

Als ich mit unserem Jüngsten schwanger war, haben wir uns als verantwortungsbewusste Eltern natürlich viele Gedanken gemacht, wie wir unseren kleinen Kronprinzen darauf vorbereiten, dass da nun bald ein zweiter Prinz in unsere royale Familie eintritt, ohne ihm lebenslangen Schaden zuzufügen (soll alles schon vorgekommen sein ...).

Da wurden Bilderbücher gekauft – pädagogisch wertvoll, versteht sich! Da wurden Erklärungen abgegeben – kindgerechte natürlich!

Der Große durfte mit zum Ultraschall und so weiter ...

Ja, es war eine sehr lehrreiche Zeit für unseren kleinen Kronprinzen.

Er liebte es, sich mit seinem süßen kleinen Lockenkopf auf meinen immer runder werdenden Bauch zu kuscheln und dem kleinen Bruder dann schon irgendwelche Geschichten zu erzählen.

Und so lag ich wieder einmal mit ihm auf dem Bett, der Große streichelte seinen Bruder und löcherte mich wie so oft mit Fragen. Er wollte wissen, wann das Baby denn nun endlich *raus* käme und ob ich alleine im Krankenhaus sein würde. Ich sagte ihm, dass es nicht mehr lange dauern würde, bis sein Brüderchen zur Welt käme. Allerdings dürfte er jetzt noch nicht *raus*, weil das noch zu früh wäre. Ich sagte ihm auch, dass ich nicht alleine im Krankenhaus sein würde. Ich erzählte ihm vom *Kreißsaal*, von den *Werkzeugen*, die es dort gibt und von der Hebamme und dem Arzt, die uns dann helfen würden, da man ein Baby normalerweise nicht alleine zur Welt bringen kann.

Plötzlich schoss das kleine Lockenköpfchen in die Luft, man konnte förmlich sehen, wie es in ihm arbeitete! Dann verschwand er und ich hörte ihn im Kinderzimmer Schubladen auf und wieder zu machen, hörte, wie er in den verschiedenen Spielkisten kramte und bekam dann noch mit, wie er in Papas Werkzeugkeller verschwand. Sehr merkwürdig!

Da ich aber zu diesem Zeitpunkt schon viel zu träge war, um mit einem leichtfüßigen Hechtsprung hinter ihm her zu jagen, blieb ich liegen und wartete ab. Es dauerte nicht all zu lange, denn dieses kleine Handwerksgenie kannte sich in Papas Heiligtum mindestens so gut aus wie Papa selber. Und dann kam er triumphierend ins Schlafzimmer. Im Handgepäck hatte er allerhand Zeug, das nun sorgfältig ausgebreitet wurde. Zuerst presste er mir einen kleinen Taschenspiegel an den Bauchnabel und meinte: „Mama, brauchst keine Angst zu haben, dass das Baby schon *raus* kommt, ich pass auf und gucke mit dem Spiegel, wann es kommt."

Ich war völlig gerührt von seiner Sorge und gleichzeitig belustigt, was ich zu unterdrücken versuchte. Das daraus resultierende Zucken im Bauch deutete er natürlich als *Angriff* und brachte den Spiegel noch mehr in Position, um nur ja nichts zu verpassen.

Es war sooo süß. Als meine unterdrückte Lachsalve verebbt war und der kleine Handwerker sich etwas entspannte, kamen wir zum zweiten Teil der Vorstellung und zu dem Grund seiner Expeditionstour in den Keller: das Werkzeug!!!

„Mama, hat denn der Arzt auch einen Bohrer?", wollte er wissen.

„Einen Bohrer? Wozu sollte er einen Bohrer gebrauchen?", fragte ich unseren kleine Professor.

„Mama, wie soll denn sonst ein Baby *gebo(h)ren* werden?"

Die Antwort blieb ich ihm übrigens schuldig, weil mein Bauch nun so heftig bebte, dass er gleich wieder an einen „Angriff" seitens des Babys glaubte und mit stolz gestählter Brust verkündete: „Siehst du, gut, dass ich aufpasse!"

Sein Bruder wurde im Übrigen ganz ohne Werkzeug *gebo(h)ren* und es hat alles wunderbar geklappt ...

Körperhygiene

Unser Großer kam kürzlich nach Hause und verkündete mit einem verschmitzten Lächeln, dass sie nun Sexualkunde hätten (kicher, kicher).

Mit gespitzten Ohren lauschte sein kleiner Bruder, um nur ja kein Detail von all den seltsamen und spannenden Dingen zu verpassen. Aufgeklärt war er zu diesem Zeitpunkt allerdings schon. Dafür hatte sein großer Bruder schon vor einiger Zeit gesorgt.

Nun ja, wir saßen also gemütlich am Mittagstisch und unterhielten uns so ganz locker über Sexualkunde, als der Große dann mit verräterischer Stimme hauchte: „Wir hatten heute das Unterthema Körperhygiene!"

„Na, da hast du hoffentlich besser zugehört als bei mir. Vielleicht merkst du dir ja von deiner Lehrerin eher, worauf es ankommt. Bei mir stellst du leider auf Durchzug."

Das kleine, breite Grinsen, das ich in all den Jahren unseres Zusammenlebens kennen gelernt hatte, kann ziemlich unangenehm werden, wenn man ahnt, dass da noch irgendeine Gemeinheit kommt ... Und ich sollte ganz richtig liegen mit meinen Vermutungen!

Der Satz, der jetzt kam, ließ mir das Blut in den Adern gefrieren! „Mama, meine Klassenlehrerin ist übrigens ziemlich entsetzt von dir!"

Sein Grinsen breitete sich immer mehr aus – hätte er keine Ohren, hätte er im Kreis gelacht! Ich konnte nicht anders, ich musste es wissen.

„Warum das?", fragte ich zaghaft.

„Na, wir hatten das Thema *Händewaschen vor dem Essen* und da habe ich ihr gesagt, was du *immer* sagst."

(Die Betonung liegt auf: IMMER!!!)

Jetzt muss ich erst einmal etwas ausholen: Gehen wir also zurück in meine Schulzeit. Uns hatte einmal ein

Lehrer erzählt, wie er das Problem des Händewaschens vor dem Essen gelöst hatte. Irgendwie wollten sich seine beiden Töchter auch nie merken, dass es mit Hygiene zu tun hat, man sich also bitte immer die Hände waschen sollte, usw. Aber die Botschaft blieb einfach nicht hängen bei den Mädels. Es musste etwas wirklich Prägnantes her, das sie so schnell nicht vergessen würden. Also dichtete dieser überaus schlaue Pädagoge einen herrlich einfachen, aber überaus passenden Satz:

„Vor dem Essen,
nach dem Kacken,
einmal um die Seife packen!!!"

Seit dieser Zeit war im Hause des Lehrers wieder Ruhe und Einsicht eingekehrt, denn seine Mädels hatten sich diesen Satz nur zu gut eingeprägt. Und auch mir ging er nicht aus dem Kopf. Er begleitete mich über viele Jahre hinweg mal mehr, mal weniger.

Als unsere Kinder in das Alter kamen, dass dieses Thema auch bei uns zum LEIDIGEN THEMA wurde, fiel mir der Spruch meines ehemaligen Lehrers wieder ein! – Und ich setzte ihn gezielt und erfolgreich ein.

Was jetzt kommt, mag man ahnen ...

Ja, genau das! Unser Schlaumeier hatte vor der gesamten Klasse diesen einen von mir so geliebten Satz verkündet – zum sichtlichen Entsetzen seiner Lehrerin und unter dem Gegröle der versammelten Klasse 3a.

Mir blieb der Bissen im Halse stecken (wir erinnern uns: Wir saßen ja gerade beim Mittagessen). Und über meine offensichtliche Scham gerieten unsere Jungs dermaßen ins Lachen, dass ich einfach mitlachen musste. Tja, *shit happens* ...

Da sieht man es mal wieder: In der Schule lernt man fürs Leben!!!

Wenn das Horoskop zum Horror wird

Es war letzten Sonntag. Wir saßen gemütlich beisammen und frühstückten in aller Ruhe. Oder sagen wir mal so: wie das eben so möglich ist mit zwei quirligen Jungs, die immer älter werden.

Das Radio lief im Hintergrund und dudelte vor sich hin, als sich die nette Dame mit ihrem Horoskop anmeldete.

Nun muss ich dazu sagen, dass es mittlerweile schon Kult bei uns ist, sich das anzuhören. Und immer, wenn das jeweilige Sternzeichen eines der Familienmitglieder genannt wird, verfallen alle in ein andächtiges Schweigen und zeigen mit dem ausgestreckten Zeigefinger auf das gerade erwähnte Opfer. Damit auch der Letzte im Raum weiß: *Hey, da geht´s um mich und alle hören es!*

Nun gut. Wir saßen also da und lauschen den Beiträgen der Pseudo-Astrologin, als „Papas" Sternzeichen genant wurde. Alle Zeigefinger richteten sich auf meinen Mann und es wurde mucksmäuschenstill.

„Bla, bla bla, ... Sie dominieren heute das Gespräch, seien Sie sich dieser Verantwortung bewusst!", hauchte es aus dem Radio.

Ein kurzes Grinsen zog über uns hinweg und dann kamen auch schon die Jungfrau, der Skorpion ...

Nach einer Weile, als das Horoskop schon längst verlesen war, fiel unserem Jüngsten plötzlich ein, dass ihm langweilig war. Langeweile und Kinder sind ja bekanntlich schlechte Begleiter. Und so kam es, dass der kleine Mann sich ziemlich absurde Dinge ausdachte und ausprobierte. Es fing eigentlich ganz harmlos an. Zunächst erforschte er die Tiefe eines Nutella-Glases mit einem Teelöffel. Dann zerpflückte er eine Serviette, um zu sehen, wie viele Schichten es wohl gäbe. Und als er dann auch noch versuchte, den Rest der Milch in seinen kleinen Becher zu gießen und dieser überzulaufen drohte, war das Maß voll!

Sein großer Bruder hielt das schlicht und ergreifend nicht mehr aus und sagte ihm ordentlich die Meinung. Dabei wurde er immer leidenschaftlicher.

Der kleinen Zwerg zu meiner Linken bäumte sich auf, legte sein Köpfchen ein wenig schräg und sagte dann dann ganz ruhig: „Von dir lass ich mir gar nichts sagen!"

Na, das konnte ja wohl nicht wahr sein!

„Okay, dann sag ich es dir: Ich möchte, dass du damit aufhörst!", mischte ich mich ein.

Der kleine Giftzwerg schaute mich mit einem völlig verständnislosen *Engelsgesicht* an und meinte: „Na hör mal, du darfst mir das heute gar nicht sagen, der Papa dominiert heute das Gespräch!!!"

Punkt, Satz und Sieg ...

Tja, manchmal wird das Horoskop eben zum Horror ...

Alles Ansichtsache

So ein Samstagabend im Kreise seiner Lieben ist ja meist sehr gemütlich. Da kuschelt man sich gern einmal auf dem Sofa aneinander, knuspert den einen oder anderen Dickmacher und schaut sich mehr oder weniger sinnvolle Dinge im Fernsehen an.

An diesem Samstag war es eher die Kategorie „weniger sinnvolle" Dinge (aber eben sehr lustig).

Die Kinder wollten sooo gern einmal *DSDS (Deutschland sucht den Superstar)* schauen, da in der Schule immer wieder davon erzählt wurde – und unsere nicht mitreden konnten! Also versammelten wir uns alle um 20.15 Uhr vor dem Fernseher, um dafür zu sorgen, dass am Montagmorgen reichlich Gesprächsstoff vorhanden sein würde.

Wie man zum Titan der Musikbranche steht, bleibt ja nun jedem selbst überlassen – da hat ein Jeder seine eigene Ansicht. Aber im Grunde spaltet er die Nation in zwei Lager. Die einen lieben ihn, die anderen hassen ihn. Manch einer findet ihn attraktiv, die Anderen ...

Nachdem wir schon eine Weile geschaut hatten, meinte unser Jüngster ganz trocken: „Mama, der Mann links (damit war das blonde Jury-Oberhaupt gemeint) sieht so komisch im Gesicht aus. Der hat ´ne Haut wie ein Schnitzel!"

Ich war froh, dass ich in diesem Moment gerade nichts trinken wollte, denn das hätte mit ziemlich großer Wahrscheinlichkeit zu eine riesigen Sauerei geführt!

Als mein Lachkrampf langsam verebbte, schaute ich mal genauer hin!

Ich fand den Vergleich zuerst absurd – aber je länger ich ihn betrachtete ...

Naja, es ist eben alles Ansichtssache ...

Ein Badevergnügen der besonderen Art

Wenn ich ans Baden denke, so verbinde ich dieses Wort gern mit schmückenden Adjektiven wie: *entspannend, erholsam, ruhig, sinnlich* etc. Wie man sieht, fallen mir da eine ganze Menge schöner Dinge zu ein. Hat man allerdings Kinder mit im Haus, so werden aus den sinnlichen Bädern dann doch oft ...

Mein sinnliches Erlebnis sollte am Samstagabend nach zwei verschwitzten, abgekämpften Grippe-Tagen stattfinden und ich freute mich sehr, auf diese Weise meiner Grippe adieu zu sagen!

So ließ ich mir mein Lieblingsbad ein, zog mir in aller Ruhe meinen Bademantel über, holte die Haar-Kur, das Körper-Peeling und den Einmal-Rasierer aus dem Schrank und machte mich auf den Weg ins Badezimmer. In freudiger Erwartung auf die sinnlich aromatisierten Wogen flog ich durch den Flur, als ich plötzlich zarte, kleine Stimmchen aus MEINEM Bade-Tempel hörte. Das waren jetzt aber nicht die Kinder – oder doch??? Meine Schritte wurden schneller, und als ich die Tür aufstieß, empfingen mich zwei süße kleine Nackedeis in MEINEM Lieblinsbad. Gerüstet mit Lego-Super-Rennboot und Playmobil-Jetski waren sie eindeutig schneller als ihre Mama und hatten die Gunst der Stunde für sich genutzt. Oh Schreck lass nach, MEINE WELLNESS-OASE war entweiht!

Da saßen sie nun und hatten Spaß in Tüten – was sollte ich da noch sagen? Schließlich konnten sie der sinnlichen Verführung genauso wenig widerstehen wie ich. Da kamen sie wohl eindeutig nach der Mama ...

Ich dachte mir, dass ich einfach aus der Not eine Tugend mache. Ich verbinde das Praktische mit dem Sinnlichen! Ja genau – eine Symbiose – sozusagen. Aber seien wir mal ehrlich, kann man das? Kann man das

Praktische mit Sinnlichkeit paaren? Mit Abstand betrachtet weiß ich es besser: man kann nicht!

Nachdem unser Großer als Erster die Badewanne verlassen hatte, keimte in mir noch die Hoffnung, dass der Kleine nachziehen würde – aber Pustekuchen! Er freute sich, endlich mal wieder mit Mama zu baden und ihr bei der Gelegenheit seine neuesten Erfindungen zu zeigen: den Aqua-Pups!!! Ich glaube nicht, dass ich DEN erläutern muss, er ist selbsterklärend ...

So begab ich mich in mein Schicksal und bekam eine Ahnung, dass man nicht um jeden Preis Symbiosen herbeisehnen sollte ...

Ich wollte doch nur ein wenig meine Ruhe, und so versuchte ich es noch einmal mit: „Mäuschen, du bist doch sicherlich fertig und kannst jetzt raus gehen. Mir ist das Wasser viel zu kalt."

„Hättest Du es gern ein wenig wärmer?", fragte er mich besorgt.

„Um ganz ehrlich zu sein, möchte ich es richtig heiß haben (wusste ich doch, dass er das gar nicht mochte)!"

„Na gut, dann gehe ich gleich.", versprach er mir. Also begann ich, meine Haare zu waschen.

Just in dem Augenblick, als ich meinen Kopf unter dem angenehm temperierten Brausekopf platziert hatte, drehte der kleine Bademeister *volle Pulle* auf HEISS!!!

Sicher! – er hatte es nur gut gemeint, aber es kam gar nicht gut an. Mein gellender Schrei ließ das Blut in den Adern stocken und brachte den Rest der Familie dazu, ins Badezimmer zu stürmen, um nach dem Rechten zu schauen. Sie sahen ein völlig verstörtes Kind und eine sich windende Mama. Da diese allerdings schon wieder meckern konnte, hatte es das Schicksal nicht zu arg mit der Muddi gemeint. Und bevor sie selbst noch zur Zielscheibe des mütterlichen Zorns wurden, zogen meine Männer sich geräuschlos wieder zurück ...

Ich steh ja echt auf ALLES, was mit „Wellness“ zu tun hat, aber auf ein Kopfhaut-Peeling der besondern Art kann ich gut verzichten!!!

Für die Gäste nur das Beste

Wenn sich Besuch angemeldet hat, bereitet man sich ja bestmöglich vor. –

Besonders wenn es sich um einen besonderen Gast handelt.

Meine Freundin hatte sich ankündigte, um uns ihren neuen Lebensgefährten vorzustellen! Wow – was für eine Aufregung!

Meine Freundin war natürlich aufgeregt, weil sie darauf brannte, mein Urteil zu hören. Ich war aufgeregt, weil ich darauf brannte, ein Urteil zu fällen und zu prüfen, ob der *Neue* auch gut genug für meine Freundin sei.

Ich war also damit beschäftigt, Kuchen zu backen, den Tisch schön zu decken und alles *nett* herzurichten, um dem *Neuen* einen angenehmen Empfang zu bereiten.

Die Kinder wurden instruiert, sich bloß nicht daneben zu benehmen, nicht am Tisch zu rülpsen oder zu furzen (es würde reichen, wenn das beim nächsten Date passieren würde – denn es würde passieren!!!).

Okay, soweit war also an alles gedacht und der Besuch konnte kommen.

Der kam dann auch und wir setzten uns alle an den Tisch, tranken Kaffee und aßen Kuchen. Die Kinder, man muss es einfach sagen, beäugten den *Neuen* verstohlen, waren aber relativ zurückhaltend! Natürlich nicht lange, denn wir wissen ja alle, dass die Ruhe vor dem Sturm kommt! Der Sturm kam so plötzlich, dass niemand vorbereitet war …

Recht schnell hatten wir ein unverfängliches Thema gefunden, über das man gut referieren konnte: Haustiere. Jeder erzählte eine kleine Anekdote und langsam machten sich alle locker, es wurde immer entspannter – für manche ZU entspannt …

Ich erzählte gerade die Geschichte von unserem Kaninchen, das unserem Meerschweinchen das halbe Ohr abgebissen hatte und schloss den Satz mit den Worten: „Dem armen Tier hing das Ohr in Fetzen am Kopf runter!"

Die Stille, die für diese Geschichte angemessenen war, wurde von unserem Jüngsten jedoch jäh unterbrochen: „Es hing so in Fetzen vom Kopf runter wie Andreas Haare!"

Die betroffene Stille, die jetzt folgte, hielt ich AUCH für angemessen ...

Scheiße, war das peinlich!!!

Eine Mutter versucht instinktiv, solche Situationen noch irgendwie zu retten. Aber mal ehrlich? Wie will man DAS noch retten???

Meine Freundin war sichtlich betroffen, schauten doch alle in genau diesem Moment auf ihr Haar (was im Übrigen völlig normal frisiert war)!

Kann man so eine Lage noch mit „Tja, sind sie nicht niedlich, die Kleinen?" überspielen?

Ich glaube nicht! Das war auch in diesem Fall nicht wirklich angebracht. Und so versuchte ich es mit *Plan B:* den Feind eliminieren!!!

„Wolltet ihr nicht eure neue Dart-Scheibe ausprobieren?"

Und Bingo – der Plan ging auf! Sie verschwanden im Gänsemarsch nach oben in die Kinderzimmer. – Gott sei Dank!!!

Ob der „Neue" sich noch einmal in die Höhle des Löwen traut, bleibt abzuwarten – vielleicht war ja der Apfelkuchen überzeugend genug ...

Gewinner der Herzen

Dass Kinder uns *Alten* mit anderen Augen betrachten, ist uns nicht erst seit dem Wochenende bewusst – aber just da wurde es uns wieder ins Bewusstsein gerufen!!!

Es sollte ein netter Besuch bei Oma werden. Wir hatten gerade Kaffee getrunken, als sich unsere Burschen auch schon zu Wort meldeten. Ihnen war ja soo langweilig und überhaupt wollten sie eigentlich nur fernsehen!

Na super – zeigt euch ruhig von eurer besten Seite, dachte ich und grübelte gleichzeitig, wie ich das Blatt wenden und sie auf eine pädagogisch wertvolle Idee bringen könnte. Wozu liest man schließlich all die Rat- und Ideengeber ...?

Okay, mir fiel auch direkt etwas ein. Das Los fiel auf *Prominenten-Raten*. Dazu denkt sich jeder Mitspieler den Namen eines Prominenten aus und schreibt ihn verdeckt auf ein Post-it, um es dann dem Nachbarn auf die Stirn zu kleben.

Der jüngste Spieler fängt an und fragt nun, um welche Person es sich bei ihm selbst handelt. Er darf nur Fragen stellen, die mit *ja* oder *nein* zu beantworten sind. Erhält der Spieler ein *nein*, ist der Nächste an der Reihe.

Oma hatte sichtlich Spaß an der Fragenrunde, was wiederum unsere Jungs freute. Uns so hatten wir alle eine Menge Spaß. Wir hatten schon ein paar Runden gespielt, als Oma an der Reihe war.

Sie fasste ihre Informationen aus den Vorrunden zusammen: „Also, ich bin kein Mann, sondern ein Kind. Ich bin ein beliebter Kino-Star. Es gibt schon mehrere Teile von diesen Filmen und man kann mich auch lesen! – Bin ich etwa: *Harry Potter*?

Respekt, Oma!!! Die Jungs klatschten begeistert in

die Hände und waren offensichtlich erstaunt, dass diese *alte* Frau den jungen *Harry Potter* kannte und sich die Quintessenz aus so vielen Spielrunden auch noch gemerkt hatte!!! Und so war es auch nicht verwunderlich, dass unser jüngster Quizmaster genau das in Worte fasste: „Hey Oma, Du bist ja gar nicht so vergesslich, wie man vermutet!"

Aaaaaaaaaua!!!!!

Vor lauter Lachen fielen nacheinander die Post-it´s von uns ab!

Aber das war jetzt auch egal, denn das Spiel war eh zu Ende. Der Kleine hatte eindeutig gewonnen – unsere Herzen!!!

Und glücklicherweise ist Oma gar nicht nachtragend ...

Haribo macht Kinder froh

Dass die kleinen, bunten Weingummi-Tierchen Groß und Klein erfreuen, hat uns die Werbung ja jahrelang erfolgreich suggeriert. Dass man aber derart in Verzückung geraten kann, war uns dann doch neu.

Unsere Jungs hatten beide das große Los gezogen, wenn es um ihre Milchzähne ging. Statt wie bei den meisten anderen Kindern einfach herauszufallen, lockerten sich die kleinen Biester pflichtbewusst, um dann ewige Zeiten als böse Quälgeister in der Mundhöhle zu verweilen (wir erinnern uns da gern an die *Wackel-Dackel* auf den Hutablagen älterer Mitbürger ... – so sahen die kleinen Zähnchen aus).

Sie nervten beim Essen (die Jungs verzichteten in dieser Zeit freiwillig auf ihre geliebten Brötchen – der *harten* Kruste wegen!!!), sie nervten beim Trinken, beim Sprechen, und als sie dann auch noch Angst auslösten, man könne sie ja eventuell nachts verschlucken, war das Maß voll.

Wir versuchten es mit allen möglichen Tricks, die man selbst als Kind hatte ertragen müssen ... Den *Bindfaden-Trick*, den *In-den-Apfel-beißen-Trick*, wir versuchten es sogar mit den einfachsten aller Tricks: in den Mund greifen und beherzt an den Zähnen ziehen. Wer DAS schon einmal versucht hat, wird verstehen, WAS das für ein – mitunter – gefährliches Unterfangen sein kann! So ein *Beißreflex* ist stark – und eben nur ein REFLEX, den die Kinder nicht steuern können ... Also lieber doch die Finger weg – im wahrsten Sinne.

Unser Großer war da immer ganz mutig, fackelte nicht lange herum und bestand darauf, die Zähne beim Zahnarzt ziehen zu lassen. Das ging ratzfatz, war zwar blutig – aber obercool (oder vielleicht gerade deshalb?). Beim Zahnarzt hatten wir zu dieser Zeit ein Dauer-Abo.

Als unserem Kleinen dann die Milchzähne zu *Wackel-Dackeln* mutierten, erging es ihm genauso! Die Biester wollten sich einfach nicht verabschieden. Also hatten wir auch bei ihm einen Arzttermin. Alles war gut – wir kannten das ja schon. Doch schon bald kündigten sie die nächsten beiden Wackelzähnchen an.

Wir saßen nachmittags gemütlich zusammen, als das leidige Thema *Sport* aufkam. Unser Jüngster wollte bis dato partout nicht in einen Sportverein oder in die Musikschule oder ... oder ... oder ... Es war nichts zu machen – da war er sehr konsequent und unglaublich willenstark!!!

An diesem Nachmittag flachsten wir herum, und so meinte mein Mann zu unserem Jüngsten, wenn er schon keinen Sport machen wolle, müsse er sich zumindest zuhause sportlich betätigen. Er zeigte ihm auf dem Küchenboden (!!!) Liegestütz! Zum Anreiz, mit dem Kopf richtig tief herunter zu gehen, legte mein Göttergatte ein Gummibärchen auf die Fliesen, welches das kleine Schleckermäulchen dann essen durfte, wenn es nur tief genug gekommen war. Die Jungs hatten ihre helle Freude an dem Blödsinn mit Papa. Ich fragte mich – wie schon so oft, auf was für Ideen Väter doch manchmal kommen ...

Mit etwas Abstand zu dieser Szene saß ich nun am Küchentisch und malte mir das schlimmste Horror-Szenario mit Platzwunden am Kinn und/oder an den Lippen aus, wägte schon ab, welches Krankenhaus schneller zu erreichen sein würde – als es tatsächlich passierte!!!

Der Kleine rutschte auf den glatten Bodenfliesen ab und knallte mit dem Kinn auf. Doch statt der zu erwartenden Schreie purzelte etwas aus seinem kleinen Mund – aber keine Laute, sondern ein *ETWAS*. Ich dachte erst, dass sei das Bärchen, aber plötzlich lagen da Zwei!!! Sekundenlang war es mucksmäuschenstill, dann schrie er freudig auf: „Mein Zahn, mein Zahn ist raus!" Und tatsächlich – da lag er, der kleine Quälgeist und schien uns anzugrinsen.

Na, das war doch mal `ne sportliche Höchstleistung!!! Und für mich ist klar, dass ich ab jetzt immer einen schlanken Vorrat an Weingummi-Leckereien im Haus habe!!!

Kindermund tut Wahrheit kund

Einer alten Volksweisheit zufolge tut Kindermund Wahrheit kund – aber nicht immer wollen wir dieser Wahrheit ins Gesicht sehen!!!

Besonders deutlich wird dies, wenn es um so unschöne Wahrheiten wie das ALTER geht. Und bei keinem anderen Thema wird so oft geflunkert wie hier (abgesehen von den immer guten Schulnoten der immer mustergültigen Kinder ... hi,hi,hi).

Besonders Frauen zieren sich ja bei diesem Thema, obwohl – wenn ich so darüber nachdenke, gibt es auch genügend Männer, denen ihr ALTER ein Dorn im Auge ist, nur sie geben es nicht zu (wozu auch, sie sind schließlich Männer!!!) – das ist der Unterschied.

Na, wie auch immer – es ist eine sensible Wahrheit!!!

Wir Frauen, wenn wir die böse Zahl 40 schon nah vor Augen haben, neigen ja manchmal dazu, sich die Fältchen, die Besenreiser oder auch das eine oder andere Speckröllchen schön zu reden! Da sagt man dann gerne mal Sprüche wie: „Ach, ich hab mich doch für mein ALTER ganz gut gehalten. Und die paar Unebenheiten (wäre man ehrlich, würde man *FALTEN* sagen) erzählen eben meine Geschichte, ja sie zeugen von Lebensweisheit und Erfahrung!"

Und so beruhigt man sein Ego gerne selbst, um nicht gänzlich zu verzweifeln.

Das funktioniert auch eigentlich ganz gut, wenn da nicht diese gut erzogenen Kinder wären, denen wir ja beigebracht haben, nicht zu lügen und immer schön die Wahrheit zu sagen. Und das tun sie dann auch (nach unserem Geschmack nur nicht immer im passenden Augenblick ...).

Heute Morgen beim Frühstück erzählten wir dies und das und kamen irgendwann zum Thema „TV total" und dessen Moderator. Ich muss dazu sagen, dass unser Großer ihn genial findet – ist aber auch kein Wunder, oder? Da hat ein Mini-Macho seinen Großmeister gefunden!!!

DER bekannte Musikproduzent, Metzger, Entertainer und End-Dreißiger vorm Herrn, der eben auch ein verstecktes Problem mit seinem ALTER hat, es nur nicht zugibt. Er allerdings kompensiert das auf eine hervorragend kommerzielle Art und Weise und verdient auch noch richtig Kohle mit seinen sportlichen Höhenflügen und seiner Hardcore-Show „Schlag den Raab". Neidlos muss man ja eingestehen, dass er für sein ALTER tatsächlich gut in Schuss ist und sportlich universell einsetzbar – Hut ab! Und so ist es kein Wunder, dass unser heranreifender Macho ihn als „coole Sau" empfindet. Okay.

Heute Morgen, wie gesagt, kamen wir also auf „Schlag den Raab" zu sprechen, als mich unser Sohnemann fragte: „Wie lange macht der Raab das eigentlich noch?"

Ohne weiter zu überlegen, meinte ich: „Na, so lange, wie er eben kann und Lust dazu hat."

„Wie alt ist der denn jetzt?", wollte er wissen.

„Ich denke, so alt wie ich. Vielleicht ein oder zwei Jahre älter oder jünger."

Seine Antwort traf mich wie ein Fausthieb und ließ mich zu Boden sinken: „Na, dann macht er ja nicht mehr lange!"

Ein klassisches Knock-out!!!

Das Brötchen schmeckte mir übrigens nicht mehr und auch der Kaffee hatte einen bitteren Beigeschmack bekommen ...

Tja, Kinder! – Geben einem so viel ...

Rituale

Die aufgeklärte, belesene Mami von heute weiß, wie wichtig Rituale im kindlichen Alltag sind. Dass sich Kinder so besser orientieren und zurechtfinden können in einer doch oft haltlosen, grenzenlosen Welt, wurde uns „Super-Mamis" in unendlich vielen Ratgebern und Vorträgen immer wieder gepredigt.

Deshalb war es nicht verwunderlich, dass auch unsere Familie Rituale entwickelte. Mir gaben sie schließlich auch Sicherheit und Orientierung und halfen mir sehr, wenn alles mal wieder drunter und drüber ging.

Mit zunehmendem Alter der Kinder änderten sich allerdings gewisse Rituale und mussten überarbeitet werden. Bei uns sah das dann so aus, dass der Große irgendwann lieber ein Wissens-Magazin am Abend sah, als sich von mir massieren und vorlesen zu lassen. Das „Gute-Nacht-Küsschen" und eine kurze „Kuscheleinheit" durften aber dennoch nicht fehlen.

Der jüngste Spross wollte zwar auch wie die GROẞEN am Abend noch „Wissen" schauen, aber aufs „Gute-Nacht-Ritual" nicht verzichten. Tja, und dann steht man da und muss erst einmal überlegen, wie man pädagogisch wertvoll neue Wege geht ...

Wir einigten uns darauf, dass der Kleine bis zur zweiten Pause schauen durfte, um dann von mir ins Bett gebracht zu werden, wo er noch eine „abgespeckte" Version des „Abend-Rituals" genießen konnte.

Im Anschluss brachte ich dann den Großen mit einer nochmals schlankeren Ausgabe der „abgespeckten" Version zu Bett. Theoretisch (!!!) war alles perfekt geplant, wenn da nur nicht immer diese unbequeme Praxis wäre.

Neulich wurde kurz vor der Pause schon einmal Geschmack auf einen besonders interessanten Bericht gemacht, den es nach der Pause zu sehen gab. Na, das nenn ich mal psychologische Kriegsführung! Die kleinen Zuschauer schon mal auf´s ganz große Kino anfixen, damit sie nur ja am Bildschirm bleiben!

Natürlich wollte unser kleiner Medienexperte diesen besonders interessanten Bericht sehen.

Trotz aller guten Vorsätze und wider besseren Wissens erlaubte ich ihm die Zeitüberschreitung mit der Bedingung, dass er dann auch nur die „Slim"-Version des Abend-Rituals bekäme.

Das war okay für ihn. Also gut, er durfte noch zu Ende schauen.

Wie vereinbart brachte ich den Zeitüberschreiter zu Bett, während der Große brav in seinem Zimmer auf sein „Gute-Nacht-Küsschen" wartete.

Als ich zu ihm ging und ihm gerade ein Küsschen auf die Stirn hauchen wollte, fauchte er mich an, warum ich denn sooooo lange bei seinem Bruder geblieben wäre!?

Verwirrt über seine Attacke beteuerte ich, dass ich doch nicht lange bei ihm gewesen sei.

„Oh, doch!!! Um genau zu sein, ganze sieben Minuten! Die musst Du jetzt auch bei mir bleiben!"

Ich schüttelte mich erst einmal, da ich hoffte, gleich aus einem irrwitzigen Traum zu erwachen. Doch es war kein Traum, es war die schonungslose Realität, die mich traf, als ich seine Stoppuhr in der kleinen Hand entdeckte!!! Hatte ich mir so ein harmonisches Familienleben vorgestellt??? NEEEEEEIIIIIIIIIIIIIIIIIIIIIN!!!!

Also gut, auf in den Kampf.

Da mich dieser Wahnsinn nicht losließ, machte ich Witze mit dem kleinen Querulanten und schon bald lagen wir gackernd wie die Hühner im Bett und hielten uns die Bäuche vor Lachen. Ob es nun genau sieben Minuten waren, vermag ich nicht mehr zu sagen, jedenfalls war es sehr lustig – aber auch leider ziemlich laut!

Als ich sein Zimmer verließ, dröhnte auch schon die

nächste anklagende Stimme durch den Flur: „Sag doch gleich, wenn Du mich nicht mehr lieb hast, dann kannst Du mich ja weggeben!"

Kurz schoss es mir durch den Kopf: Ja wohin denn bloß??? Und zu wem???

Stattdessen aber sagte ich: „Wie kommst Du denn auf so einen Unsinn? Was ist denn bloß los?" und ging zum zweiten Mal an diesem Abend ins Zimmer des Zeitüberschreiters.

Schniefend saß der Kleine in seinem Bett, die kleinen, nackten Beinchen fest umklammert und wollte mich nicht einmal mehr anschauen.

„Du hast meinen Bruder viel lieber als mich, mit mir hast Du nicht so viel gelacht, wie mit ihm!"

Hätte ich gekonnt, wäre ich schreiend rausgelaufen und hätte mir die Haare gerauft – aber ehrlich: Wem nutzt schon ein durchgeknallter Glatzkopf?

Außergewöhnliche Kosten – oder …

Uns geht es doch verdammt gut. Wir drücken auf einen Knopf und das Licht geht an, wir drücken einen anderen Knopf und der Computer ist uns zu Diensten, der Herd erwärmt unser Essen, der Toaster bereitet das Brot usw. Aber wenn wir mal ehrlich sind, nehmen wir das gar nicht mehr wahr, es ist selbstverständlich und nicht mehr der Rede wert, bis – ja, bis wir die allseits beliebte Stromabrechnung ins Haus bekommen. Und spätestens jetzt wird uns wieder bewusst, dass der liebe Strom eben doch keine Selbstverständlichkeit ist, sondern geradezu ein Luxusartikel von ganz besonderer Güte.

Und da wir zudem auch noch verantwortungsbewusste Eltern sind, haben wir unsere Kinder recht früh auf die Verschwendung von Ressourcen aufmerksam gemacht und versucht, ihnen Grundregeln zu vermitteln: „Geht sparsam mit Wasser um, lasst nicht unnötig das Licht brennen, stellt die Heizung runter, wenn ihr nicht im Hause seid", etc. Wir hielten unsere Kinder auch immer für sehr verständnisvoll, machten sie uns doch ihrerseits immer wieder mal darauf aufmerksam, wenn WIR ihrer Meinung nach das Wasser zu lange laufen ließen, die Heizung nicht abgestellt war, oder wir mal wieder vergessen hatten, das Licht im Keller zu löschen. Und so wähnten wir uns in dem sicheren Gefühl, dass wir kleine Umweltdetektive herangezogen hatten, die verantwortungsbewusst durchs Leben gingen.

Dann kam einer dieser Tage, an denen unsere Umweltdetektive im Schlamm gewühlt hatten und eine Dusche unumgänglich wurde. Wie sie das hassten – das war mir schon klar, denn alles was sich auch nur annähernd nach Sauberkeit anhörte, war verpönt. Alles Zetern und Argumentieren half nichts – jetzt waren sie fällig. Während sie unter der Dusche standen, machte ich mich in der Küche zu schaffen und bereitete das Abendbrot vor. Irgendwann hörte ich sie auf pitschnassen Füßen die Treppen nach oben huschen. Sie verschwanden in ihren Zimmern, zogen ihre Schlafanzüge an und würden dann (so hoffte ich wenigstens) gleich darauf im Bad ihre Haare fönen. Bevor die Höllenmaschine in Betrieb genommen würde, ergriff ich meine Chance, noch erhört zu werden, und rief ihnen herauf: „Beeilt Euch, wir können in zehn Minuten essen!" Zwei glockenhelle Stimmchen erklangen und versicherten, bald zu erscheinen.

Ich deckte weiter den Tisch, schnibbelte Gurken, viertelte Tomaten, stellte Butter, Brot und Auflage dazu und kochte eine Kanne Tee. Dann setzten mein Mann und ich uns an den Tisch und warteten. Den Fön konnten wir hören – gut! Dann würde es nicht mehr lange dauern. Wir tranken schon eine Tasse Tee und warteten. Der Fön fönte und so tranken wir noch eine Tasse Tee und warteten noch immer. Als ich gerade eine dritte Tasse Tee eingießen wollte, kam mir ein Geistesblitz: *Unsere Jungs haben modische KURZHAAR-FRISUREN!!!* Warum in Gottes Namen rennt der Fön dann noch? Fluchs schlich ich mich die Treppen hoch und spähte ins Bad: Es war leer. Den Fön hörte ich aber immer noch! Also lugte ich in unser Schlafzimmer, denn von dort kamen die Föngeräusche, die mich jetzt schon auszulachen schienen. Und dann sah ich sie: Unsere kleinen Umweltdetektive im Doppelpack!!! Einträchtig und völlig entspannt lagen sie in unserem Doppelbett, hoben mit der einen Hand ihr Schlafanzugoberteil und führten mit der anderen Hand den Fön immer schön über ihre kleinen Bäuche, die mittlerweile wohlig warm und krebsrot gefärbt waren. Ihre verzückte Blicke verrieten mir, dass sie Zeit und Raum komplett vergessen hatten. Für sie zählte nur das HIER UND JETZT!

Und als ich sie so beobachtete, wurde mir schlagartig bewusst, dass wir noch sehr viel an der Umsetzung über den schonenden Umgang mit Ressourcen arbeiten mussten.

Der Tampon als Studienobjekt

Als weibliches Geschöpf in einem durch und durch von Testosteron geprägten Haushalt zu überleben, ist schon eine Leistung und jeden Tag aufs neue eine Herausforderung, das weiß ich nicht erst seit heute, aber eben heute wurde es mir wieder deutlich ...

Mindestens einmal im Monat werde ich daran erinnert, dass ich eben doch anders bin als meine männlichen Mitbewohner! Nämlich immer dann, wenn sich meine Regel einstellt. Nicht genug damit, dass ich mich dann mit Bauchkrämpfen, übler Laune und einem aufgeblähten Bauch herumschlagen muss! Nein!!! – Ich muss es auch noch erklären!!! Mein Mann und unser Großer wissen mittlerweile, dass es einmal im Monat ist, wie es ist. Aber unser Jüngster will es jeden Monat aufs Neue wissen. Dann kommen Fragen wie: „Ach, brauchst Du schon wieder diese komischen Wattestäbchen? – Wofür sind die noch mal? – Irgendwie verstehe ich das nicht, Mama!"

Und dann fange ich zum x-ten Male an, ganz in Ruhe und möglichst kindgerecht (soweit das in dem Alter bei dem Thema geht ...) zu erklären, dass eine Frau einmal im Monat blutet, wie es eben nur eine Frau tut, dass sich der Körper automatisch reinigt und dass er sich das vorstellen muss wie ein Hausputz ...

Mit einem verschmitzt grinsenden (irgendwie ja peinlich, aber dennoch spannend!!!), aber eben auch sehr interessierten Blick verfolgte er alles, und man konnte förmlich sehen, wie es in ihm arbeitete: komisch, diese Frauen!!!

Neulich musste ich mir mal wieder neue Tampons kaufen, weil meine seltsamerweise schon wieder verbraucht waren. Was wirklich seltsam war. Ich hätte schwören können, dass ich erst vor kurzem eine frische Packung mitgebracht hatte. Jetzt konnte ich sie einfach nicht finden. War ich schon so durcheinander, dass ich mich an Einkäufe zu erinnern glaubte, die es gar nicht gegeben hatte? Das war schon sehr suspekt. Aber es half alles nichts. Ich brauchte neue.

Am Abend, als die lieben Kleinen im Bett waren und ich noch schnell die Küche wischen wollte, kam ich dem seltsamen „Tampon-Schwund" auf die Spur:

Gerade als ich die Schüssel (die uns in der kalten Jahreszeit zum Inhalieren bei Erkältungen dient), aus dem hintersten Winkel unter der Eckbank hervorzog, um auch das letzte Eckchen porentief rein zu schrubben (denn auch das ist eine Eigenart, die mich einmal im Monat ereilt: Ordnungswahn, Reinheitswahn und all die anderen wahnsinnigen Dinge, die nur Frauen tun ...), naja ...

Als ich also diese zauberhafte Schüssel aus der Ecke zog, wurde mir schlagartig einiges klar. Unser Sohnemann hatte ganz offensichtlich einen ausgeprägten Entdeckersinn entwickelt! Damit war das Geheimnis um das rätselhafte Verschwinden der praktischen kleinen „Wattestäbchen" gelöst. Der Kleine hatte eine bemerkenswerte Anzahl der begierlichen Objekte in dieser Schüssel gesammelt und feinsäuberlich mit der Schere geöffnet, die übrigens auch noch in der Schüssel lag, um sie dann, Schicht für Schicht, auseinander zu ziehen. Wahrscheinlich hatte er gehofft, im Inneren einen Schatz zu finden ... Irgendwie drollig. Jugend forscht!

Ich bin nur froh, dass er dem ganzen Experiment nicht noch entlocken wollte, wie saugfähig die Dinger denn nun sind!!! Um das Ganze authentisch zu gestalten, würde sich da ja Kirschsaft anbieten – aber das behalte ich lieber für mich ...

Retter in der Not

Dass Nachbarschaftshilfe GROß geschrieben wird, habe ich als Kind schon bei meinen Eltern erlebt. In unserer Nachbarschaft war es selbstverständlich, sich zu helfen und zu unterstützen, wenn jemand Hilfe brauchte. Und so führte ich diese Tradition fort, als ich einen eigenen Hausstand hatte.

Es war deshalb auch nur logisch, eine Frage nach dem Urlaubs-House-Sitting bei unseren Nachbarn mit „JA" zu beantworten. Im Normalfall bedeutet so ein House-Sitting, dass man die Rolläden morgens rauf, abends runter lässt, die Post aus dem Briefkasten auf dem Küchentisch sammelt und sich liebevoll um die Blümchen kümmert. Alles kein Problem – eigentlich!

Wenn man aber mit Nachbarn gesegnet ist, die eine kleine Farm bewirtschaften, erweitern sich all die „bekannten" Tätigkeiten um ein Vielfaches. Und so sah ich mich in der Pflicht, zu den normen Pflanzen zahlreiche Gartenblumen, eine schlanke Auswahl an Gurken, Tomaten und sonstigem Gemüse zu versorgen, die Hasen und Hühner zu füttern, ihre Eier einzusammeln, sie mit einem Schwämmchen abzuputzen, sie trocken zu reiben, um sie dann in einer Eierstiege zur Ruhe zu betten.

So viel zur Theorie!

Alles keine Problem, wird der Eine oder Andere denken. Wenn man aber wie ich von Kindesbeinen an eine echte Phobie gegen alles entwickelt hat, was Federn hat, wird dieser Nachbarschaftsdienst schnell zur Herausforderung. Um nicht zu sagen, zu einer kostenlosen Therapie: „Wie stelle ich mich meinen Ängsten?

Okay, da ich nun aber nicht mehr aus dieser Nummer herauskam, stellte ich mich todesmutig genau dieser Aufgabe. Unser Nachbar ahnte ja nicht, dass er einer neurotischen „Feder-Hasserin" seine lieben Tierchen überlassen hatte ...

Der erste Morgen, ein Sonntag, begann mit Herzrasen, feuchten Händen und ADRENALIN pur!!! Wer hätte gedacht, dass ein paar körnerpickende Federviecher eine derartige Wirkung haben könnten ...

Die Kinder hatten mich GOTT SEI DANK begleitet. Was sich später als echter Segen herausstellen sollte.

Zuerst verlief alles nach Plan. Die Pflanzen waren gegossen, die Hasen versorgt, die Hühner hatten ihre Körner, aber nun kamen die Eier!!!

Die meisten Hühner ließen sich bereitwillig die Eier aus dem Nest nehmen, aber nicht ALLE!!!

Und so kam ich an einen Stall, in dem eine Henne saß, die sich aufführte, als sei sie auf *Extasy*. Sie fauchte mich böse an. Mir war klar, dass sie nicht kampflos ihre Eier hergeben würde. Noch war ich guter Dinge, weil uns ein paar Gitterstäbe voneinander trennten. Aber der Augenblick kam, in dem uns nichts mehr trennte ...

Ich öffnete vorsichtig die Tür, und schon fing das Federvieh an, wie wild zu gackern und mit den Flügeln zu schlagen! Großer Gott, das konnte ja heiter werden. Langsam näherte ich mich mit meiner Hand dem Ei, als das Vieh zum Sprung ansetzte und mich mit seinem kleinen spitzen Schnabel attackierte. Blitzschnell zog ich meine Hand zurück und schmiss die Tür zu. Na super – darauf war ich nicht vorbereitet. Dennoch hatte ich einen „Plan B" zur Hand. Dieser sah vor, sich im Falle eines Falles, mit einer kleinen Kinder-Schüppe gewappnet, dem Ei zu nähern und mit der freien Hand das Federvieh in Schach zu halten. Ha, ha, ha! Pläne sind ja nun einmal reine Theorie. Dass die Praxis dann doch oft anders aussieht, wissen wir nicht erst seit besagtem Sonntag!!!

Ich also bewaffnet wie *Lara Croft*. Todesmutig und fest entschlossen, der störrischen Henne das Ei zu entwenden. Offensichtlich jedoch spürte sie mein Zögern, mutierte zur Kampf-Henne und nutzte genau diesen

Augenblick zum Angriff. Sie schoss wie ein Torpedo an mir vorbei, scheinbar zu allem bereit. Geistesgegenwärtig schmiss unser Großer die Tür nach draußen zu und somit war sie erst einmal gefangen. Aber der Stall war groß – und die Henne ziemlich aufgebracht ... Mein hysterisches Geschrei schien sie jedoch zu beruhigen, denn bald entspannte sie sich und ließ sich auf dem Stallboden nieder. Unser Jüngster stand wie vom Donner gerührt da und konnte keinen Ton hervorbringen. Ganz anders dagegen der Große! Er schlich sich ganz langsam von hinten an das aufgebrachte Fräulein heran, um es dann mit beherztem Griff im Gefieder zu packen. Wild gackernd und sich windend, mobilisierte das Vieh noch einmal alle Kräfte. Unser Hennen-Flüsterer blieb jedoch völlig ungerührt von so viel weiblichem Gehabe und brachte sie geradewegs in ihre Box zurück.

Mit gekonntem Griff schloss er die Tür, klopfte sich seine Hände und Klamotten sauber und grinste mich breit an.

„So macht man das, Mama!" Er schaute mich überlegen an und sehr, sehr zufrieden.

Und was sollte ich sagen? Auch ich war extrem zufrieden und dankbar. Aber vor allem war ich stolz auf meinen *Retter in der Not*!!!

Späte Erkenntnis

Es gibt verschiedene Situationen im Leben: solche, bei denen sich eine sofortige Erkenntnis einstellt, bei denen sich niemals irgendetwas einstellt oder sich erst viel später offenbart!!!

Wir hatten einen Termin bei der Lehrerin unseres ältesten Sprosses zum Elternsprechtag. Wir saßen beisammen und besprachen die Leistungen unseres Filius, als die Sprache auf einen aktuell geschriebenen Aufsatz kam.

Seine Lehrerin erzählte, dass sie schon ein paar Arbeiten durchgeschaut hätte – auch die unseres Sohnes. Ein süffisantes Lächeln umspielte plötzlich den Mund unseres Gegenübers. Sie wusste ja nun ganz genau, was in dem Aufsatz stand und machte uns neugierig. Mit gekonntem Griff öffnete sie hinter sich eine Schublade, zog den passenden Text heraus und las sich still ein paar Zeilen durch.

Offensichtlich suchte sie eine ganz bestimmte Passage, denn als sie diese gefunden hatte, wurde aus dem anfänglichen Lächeln ein ausgewachsenes, breites Grinsen, das uns eigentlich deutlich sagen wollte: *Das ist der Ober-Hammer, da haben Sie ja ein feines Früchtchen!!!*

Doch plötzlich verschwand der amüsierte Blick und ruck zuck hatte sie wieder den so typisch distanzierten Oberlehrer-Ausdruck im Gesicht. Scheinbar war ihr gerade bewusst geworden, dass dies hier ein Elterngespräch und kein Kaffeekränzchen mit Freunden war.

Eifrig erzählte sie weiter, besprach dies und das und lenkte uns gekonnt von der pikanten Situation ab. Und tatsächlich vergaßen wir, nachzuhaken, und so blieb lange die Frage offen: Was um alles in der Welt stand da geschrieben???

Zuhause musste ich noch ein paar Mal an dieses Lächeln denken und konnte es kaum erwarten, die Arbeit endlich in den Händen zu halten. Nach Wochen war es dann soweit!

Unser Sohnemann kam freudestrahlend nach Hause und berichtete, dass sie den Aufsatz wiederbekommen hätten. *Na endlich!,* schoss es mir durch den Kopf, *das wurde aber auch Zeit.*

Im Sachkundeunterricht hatten sie das Thema „Umwelt" durchgenommen und festgestellt, dass es einfach zu wenige Nistkästen für die heimischen Vögel gebe. Die Klasse hatte deshalb die Aufgabe bekommen, einen offiziellen Brief zu schreiben. Sie sollten sich an das Umweltamt wenden, mit der Bitte um finanzielle und fachliche Unterstützung beim Bau von Nistkästen.

Unser kleiner Autor gab uns sein Exemplar zu lesen. Und nun bekam ich endlich die Antwort auf meine offene Frage! Sofort war mir klar, weshalb die Dame damals so gegrinst hatte!!!

Dort stand nämlich geschrieben:

„Wir wären Ihnen sehr dankbar, wenn Sie mal vorbei kommen würden, um sich mit uns umzuschauen. Wir haben noch lange nicht so viel Ahnung von Vögeln wie Sie! ..."

Tja, manchmal trifft einen die Erkenntnis spät, aber dann mit voller Wucht!!!

Rumpelstilzchen in der Moderne

Dass Märchen einen pädagogischen Hintergrund haben und zum Überlegen anregen sollen, ist ja bekannt. Auch dienen sie allerorts als Vorlage für Theater- oder auch Kinovorstellungen und erfreuen immer wieder Jung und Alt.

Als unser „kleiner Prinz" also auszog, die Märchenwelt zu erkunden und auf seine Art zu interpretieren, stimmte mich das nicht besonders freudig. Ich hatte da schon so eine Ahnung ... Und wie das Leben so spielt, hatte er sich ausgerechnet *Rumpelstilzchen* ausgesucht!

Rumpelstilzchen – wir erinnern uns – war voller Wut, dass die Königin ihn ausgetrickst hatte und ließ seinem Ärger freien Lauf, indem er so heftig mit dem Fuß auftrat, dass dabei der Boden zerbarst und er mit seinem Fuße darin stecken blieb.

Das *Rumpelstilzchen* der „Moderne" wurde insofern von der Königin (das bin dann wohl ich ...) ausgetrickst, als dass sie den kleinen Wüterich mit seinen eigenen Waffen schlagen wollte. Ich gebe zu – ein wenig Erpressung war auch dabei. Und das kam so:

Unser Wüterich hatte partout keine Lust, zum Volleyball-Training zu gehen. Wir standen schon auf dem Parkplatz vor der Sporthalle, als er mit Eifer erklärte, er hätte nun gerade überhaupt keine Lust, zum Training zu gehen und wollte doch lieber wieder nach Hause fahren. Nächste Woche, ja nächste Woche würde er ganz bestimmt wieder gehen.

Ich sagte ihm, dass es nicht okay wäre, das neue Jahr mit faulen Kompromissen anzufangen. Und außerdem hätte ich ihn hierher gefahren und nun würde er auch zum Training gehen.

Als er merkte, dass es mir ernst war, kam diese Nummer: „Immer zwingst Du mich zu allen Dingen. Ich hab gar keine Lust, außerdem habe ich Kopfschmerzen. Ich hab keinen Bock auf Training, das kotzt mich alles an."

Die Lautstärke hatte er passend zum Text gewählt und gab dem ganzen eine dramatische Note.

Ich durchforstete mein Hirn nach allen pädagogischen Registern, die ich ziehen könnte, wägte dieses gegen jenes ab und blieb zum Schluss bei: „Okay, schnall Dich wieder an, wir fahren nach Hause!"

Der Blick, der mich jetzt traf, war filmreif! Eine Mischung aus Triumph und Unverständnis, würde ich sagen.

Jedenfalls war es ruhig – ganz kurz!

„Wie meinst Du das?", fragte er.

„Na, so wie ich es gesagt habe! Wir fahren nach Hause."

Ich legte eine bedeutungsschwere Pause ein, um dann mit der verbalen Keule zuzuschlagen ☺ : „Zuhause kannst Du dann ein Bütterchen essen und dann geht es ab ins Bett. Kein Fernsehen, kein Computer – Lesen, das geht!"

Nachdem meine Sohnemann Luft geholt hatte, entlud sich ein verbales Donnerwetter über mir. Das ewig gleiche Gequengel von wegen Bevormundung und Erpressung und, und, und! Er riss die Tür auf und meinte noch, dann würde er ja schon lieber zum Training gehen, als an einem Freitagabend um 18 Uhr ins Bett. Frei nach dem Motto: Ich bin ein Mann und mache die ganze Nacht durch!

Ich wollte gerade den Motor starten, als ich draußen einen dumpfen Knall und direkt danach einen jämmerlichen Schrei vernahm. Das konnte er doch nun unmöglich gemacht haben!!!

Oh doch, er konnte!!!

Als ich nämlich um das Auto eilte, humpelte er schon auf einem Bein, das andere hielt er mit den Händen umklammert und jammerte mit einem unterdrückten Grinsen.

„Das hast Du doch jetzt nicht wirklich gemacht?", entfuhr es mir.

Mit einer Mischung aus Grinsen und Schmerz triumphierte er: „Doch, das hab ich!"

Seine ganze Wut hatte er in sein rechtes Bein geschickt und mit voller Wucht vor eine Betonmauer getreten. Rumpelstilzchen ließ sich damals wenigstens noch an einem nachgiebigen Holzboden aus – aber Beton? – Das war wirklich ´ne Spur zu krass!!!

Nach einer schmerzhaften Nacht war der Fuß um ein Vielfaches angeschwollen und ich war der Meinung, dass da nur noch ein Fachmann helfen konnte. Natürlich war Samstag und wir mussten in die Notaufnahme ins Krankenhaus. Hinzufügen sollte man vielleicht, dass der Arzt an sich nicht wirklich erbaut ist, wenn er am Wochenende übermüdet und unterbezahlt Dienst schieben muss. Und so war es wohl auch bei dem Arzt, der unseren Wüterich behandeln sollte. Er war mies drauf und machte kein Geheimnis daraus. Na, das konnte ja lustig werden.

Als dann die Fragen nach dem Wie und Warum kamen, mussten Arzt und Krankenschwester sich doch das Lachen verkneifen. Ich ließ unseren Sohn alles schildern, damit er einmal so richtig ins Schwitzen kommen sollte. Das kam er auch – so ein Weißkittel flößt eben doch mehr Respekt ein als die liebe Mama ...

Der Arzt meinte zum Schluss, dass beim nächsten Wutanfall Schuhe mit Stahlkappen geeignet wären – oder dass der kleine Wüterich doch besser gleich auf die Mama hören sollte. Der sonst so redegewandte Querulant nickte nur noch brav mit gesenktem Blick.

Beim Eingipsen bekam er dann nicht nur eine Fessel am Fuß verpasst, sondern auch gleich noch einen „Einlauf" gratis.

Ich danke noch heute dieser Krankenschwester, die ihn auch noch einmal so richtig schön in den moralischen Schwitzkasten nahm. Mit einer Gipsschiene bis zum Knie und Unterarmgehhilfen durften wir dann endlich das Krankenhaus verlassen.

Man könnte ja meinen, dass nun märchenhafte Ruhe eingetreten wäre, aber so ein Happy End gibt es eben nur im Märchen.

In der Moderne mutiert so ein *Rumpelstilzchen* dann gerne mal zum Super-Macho.

Doch die Moderne hat auch emanzipierte Mütter auf Lager, die den XXS-Machos schnell zeigen, wo sich für eingegipste Prinzen die Grenzen befinden ...

Und so habe ich doch die Hoffnung, dass sowohl unser Prinz als auch unser *Rumpelstilzchen* aus der märchenhaften Geschichte eine Lehre zieht, denn die Hoffnung stirbt zuletzt ...

Anspannung – Entspannung

In einer zunehmend hektischer werdenden Zeit finde ich es wichtig, sich Inseln der Ruhe und Entspannung zu gönnen. Ich bin sicher keine von diesen Esoterik-Tanten oder Seelen-Gurus, die über den Dingen schweben. Dennoch glaube ich fest daran, dass es Dinge zwischen Himmel und Erde gibt, die wir eben nicht erklären, wissenschaftlich belegen und beweisen können. Ich glaube ganz sicher, dass es eine unsichtbare Energie gibt, die nur kanalisiert werden muss, damit wir sie nutzen können.

Dieser feste Glaube an alternative Heilmethoden fließt natürlich auch bei der Erziehung automatisch mit ein. Den Kindern solche Methoden näher zu bringen, geschieht manchmal eher über Umwege und zeigt bei ihnen nicht immer die Wirkung, die man sich erhofft hat ...

Es war einer dieser hektischen Tage, an denen alles schief ging. Das fing schon morgens beim Aufstehen an. Ich rollte mich völlig schläfrig aus dem Bett, als ich auch schon barfuß auf einen Legostein trat, der zur Seite kippte und ich daraufhin umknickte. Der kleine, messerstichartige Schmerz verhalf mir jedoch in Rekordzeit von 0 auf 100 und ich war hellwach. Gebeutelt humpelte ich ins Bad und klatschte mir Wasser ins Gesicht, um mich von dem Schmerz am Knöchel abzulenken. Nachdem ich mich für den Tag gewappnet hatte, weckte ich die Kinder und bereitete das Frühstück. Aber was war das denn? Ich hatte doch glatt vergessen, Joghurt fürs Müsli zu kaufen. Also trickste ich mit Sahne und Milch, damit die Jungs ihr geliebtes Müsli bekamen. Da hatte ich allerdings die Rechnung ohne meine Jungs gemacht, denn die beiden aufgeweckten Kerlchen bemerkten sofort den Betrug und weigerten sich vehement, das „neue" Müsli zu essen. Diskussionsrunden am frühen Morgen, wenn der Knöchel schmerzt, die Kinder nörgeln und die Zeit davon rennt, sind nicht wirklich produktiv, und so merkte ich, dass eine unglaubliche Wut in mir hochstieg. Warum jetzt? Warum immer ich? Warum, warum, warum???

Als die Kinder dann in der Schule waren und ich allein, wäre ja ein guter Zeitpunkt zum Entspannen – so hoffte ich!!! – Aber nein, da kamen sie! Die bösen, kleinen Gemeinheiten, die dieser Tag extra für mich parat hielt ...

Mir fielen die mit Milch und Sahne gefüllten Müslischalen hin und der klebrige kleine Milch-Sahne-See ergoss sich in der ganzen Küche, lief unter den Tisch und die Eckbank, um dann gnädigerweise, wie von Zauberhand gestoppt, vor den noch nicht mit Silikon versiegelten Abschlussfugen stehen zu bleiben. Da sollte man dankbar sein, es hätte schließlich schlimmer kommen können.

Also wischte ich alles auf und ich hatte tatsächlich Glück!!! Schon nach dem sechsten Eimer, mit wirklich HEIßEM Wasser, hatte ich den letzten schmierigen Fettfilm vom Boden entfernt – na wenn man da nicht dankbar sein muss ...

So ging es weiter: Beim Bettenmachen riss ein Knopf ab, beim Zubereiten des Essens kochte der Pudding über und brannte sich gnadenlos in das Ceranfeld ein, und als die Kinder nach Hause kamen, hörte ich schon auf der Straße, dass sie sich stritten und mit „Eierloch"-ähnlichen Wörtern bombardierten.

Ja – es gibt Tage, da wäre man besser im Bett geblieben ...

Nachdem wir das Mittagessen und die Hausaufgaben überstanden hatten, dachte ich wieder daran, dass es nun an der Zeit wäre, ein wenig zu entspannen.

Ich erklärte den Kindern kurz, dass mein Tag bis jetzt

nicht besonders gut gelaufen wäre und ich unbedingt einen kurzen Moment für mich brauchte, um wieder *runter* zu kommen. Unser Jüngster setzte sich auf meinen Schoß und fragte mich: „Ach, willst Du wieder dieses „OOM" machen?" Und dabei schloss er die Augen, brachte Daumen und Zeigefinger zusammen, wölbte dabei die kleinen Händchen wie Schalen gen Himmel und formte ein „OOMM". Es sah zum Anbeißen aus und schon in diesem Moment entspannte ich ein wenig. Ich musste lachen und sagte ihm, dass er das richtig gut mache. Er forderte mich auf, es ihm nachzumachen.

Und so saßen wir dort am Küchentisch. Er immer noch auf meinem Schoß und ich, mit geschlossenen Augen, die Hände auch zu Schalen geformt, wie es mein kleiner Guru gerade getan hatte, versuchte mich ernsthaft auf ein „OOMM" zu konzentrieren.

In dem Moment, als mein „OOMM" laut und deutlich erklang, packte er mit seinen kleinen Händchen blitzschnell und entschlossen an meinen Busen!!! Aus dem „OOMM" wurde ein „OOMMAAAAAAAAAAAAAAA" und ich riss im gleichen Moment entsetzt die Augen auf, um dann direkt in sein schelmisches Gesicht zu blicken!!! Vor lauter Lachen fiel er fast von meinem Schoß und auch unser Großer konnte sich kaum noch halten. Mein Entsetzen wich und machte einer echt entspannten Heiterkeit Platz.

Tja, manchmal muss man halt erst richtig angespannt sein, um eine wahre Entspannung schätzen zu können.

Schach-Matt

Camping! Ein herrliches Wort, und schon allein der Klang dieses Wortes lässt bei mir ein Hochgefühl aufkommen!!! Camping ist ein kleines bisschen Freiheit, Abenteuerlust – und: Lässigkeit. Kein großes Tam-Tam, keine Schnörkel, einfach nur sein ...

Wir waren mal wieder mit dem Wohnmobil im Urlaub. Es ging Richtung Dänemark und wir waren voller Spannung und Freude. Bedeutete Camping-Urlaub doch: lange Schlafen, spät frühstücken, viel Lesen, einfach langsam „gehen lassen". Die Zeit für gemeinsame Spiele wurde groß geschrieben, und so brachte mir unser *Großer* nach und nach Schach bei. Ich stellte mich nicht so schlecht an und bald schaffte ich es sogar, ihn auch einmal *Schach-Matt* zu setzen. Ja, es war eine schöne Zeit.

Aber bekanntlich haben alle schönen Dinge auch Kehrseiten. Und eine dieser Kehrseiten war sicherlich, dass es unter anderem keine Spülmaschine gab.

Aber egal – für ein bisschen Freiheit verzichtet man doch gern mal auf ein bisschen Luxus, oder?

Unsere Lösung für den alltäglichen Abwasch war ganz einfach: alle machten das Geschirr dreckig und Mama und Papa machten es wieder sauber. Klare Sache soweit. Aber irgendwann beschleicht auch mal die tolerantesten Eltern das Gefühl, dass die lieben Kleinen doch mal mit anpacken könnten und alt genug wären, um die alltäglichen Pflichten mit zu erledigen. Und so versuchten wir, unsere Jungs zu integrieren – mit mäßigem Erfolg jedoch. Denn sobald wir fertig waren mit Essen und ich mich an das Abräumen der Teller machte, verschwanden sie auf wundersame Weise – und immer so friedlich still ...

Ab und zu, waren wir jedoch schneller, und so entgingen sie nicht ihren schnöden Abwasch-Pflichten. Natürlich mit langen Gesichtern und einem demonstrativ genervten Gang, wenn sie uns zur Küche folgten.

Von außen betrachtet, hätte man meinen können, dass sie gerade auf dem Weg ins Arbeitslager waren. Aber da wir nicht sehr oft so schnell waren, entkamen sie meist, bevor wir überhaupt eine Ahnung hatten, dass wir spülen wollten ...

Eines Abends stand ich in der Küche und spülte gedankenverloren unsere Teller, als zwei kleine Kinder die Küche betraten. Sie waren jünger als unsere Jungs, ich schätzte sie auf 4 und 6 Jahre. Beide waren beladen mit einer Schüssel voller Geschirr und Geschirrtüchern. Fluchs breiteten sie sich aus und spülten und trockneten, was das Zeug hielt!!!

Ich wurde derweil immer langsamer, weil ich dieses Schauspiel erst einmal verdauen und danach genauer betrachten wollte. Zunächst wartete ich immer noch auf die Eltern – oder doch zumindest auf einen Elternteil, aber da kam niemand mehr! Die beiden erledigten völlig routiniert ihre Aufgabe und verschwanden dann wieder.

Wow! Da stand ich nun in dieser dänischen Camping-Küche und war baff – es ging also doch!!! Wir waren nur zu lasch mit unseren faulen Bürschchen. Aber das sollten sie erst einmal brühwarm erfahren!!!

Ich sammelte fix meine Sachen zusammen und machte mich auf den Weg zum Wohnmobil – wo die beiden – ach, welch Überraschung!!! – plötzlich aus dem Nichts wieder erschienen waren. Bevor sie sich wieder verdrücken konnten, erzählte ich voller Eifer und vor allem voller Begeisterung von der gerade erlebten Spülorgie der beiden kleinen Kinder.

Ich war noch voller Enthusiasmus und schloss meinen Beitrag mit den Worten: „Das solltet ihr Euch zum Vorbild nehmen. Ab morgen könntet ihr den Abwasch übernehmen und Papa und mich entlasten!".

Die beiden Faulenzer starrten mich sprachlos an, als hätte ich verlangt, dass sie in Spitzenhöschen über den Campingplatz tanzen sollten. Zuerst fand der Große seine Sprache wieder und meinte: „Mama, du sagst doch immer: Was in anderen Familien gemacht wird, ist für uns nicht relevant! Wir haben unsere eigenen Spielregeln! – Also, ist das für uns auch nicht relevant und wir machen alles wie gehabt!"

Da stand ich nun mit meinen tollen Weisheiten, einem offenen Mund und großen Augen!!! Und ich wusste ganz genau, dass ich gerade klassisch *Schach-Matt* gesetzt worden war ...

Neid – oder was?

Wenn einer eine Reise tut, kann er was erzählen. So sagt der Volksmund und so ist es wohl auch.

Wir waren mit unseren Jungs in Holland im Urlaub. Es war um Ostern und das Wetter meinte es ausgesprochen gut mit uns. Die Sonne verwöhnte uns und so machten wir einen Strandspaziergang. Es war einfach herrlich! Wir setzten uns nach einer Weile in die Dünen und genossen einfach nur den Augenblick. Die Aussicht war paradiesisch.

Da gerade Ebbe war, lag ein nicht enden wollender Sandstrand zu unseren Füßen. Schauten wir nach rechts oder links, bot sich das gleiche Bild: ein endlos langer, weißer Sandstrand. Und wenn ich sage: endlos langer, weißer Sandstrand, dann meine ich das auch so!!! Diese Beschreibung war nicht etwa aus einem blumigen Reiseprospekt entsprungen, nein es war völlig real: Sand, wohin das Auge blickte!!!

Und so saugten wir den Zauber des Augenblicks ein und füllten unsere Batterien auf. Die Sonne schien vom wolkenlosen, azurblauen Himmel auf uns nieder. In weiter Ferne schlugen die Wellen sanft ans Ufer und eine leichte Brise wehte uns den typischen Salzgeruch herüber.

So lagen wir im Sand und beobachteten unsere Jungs, die sich neben uns in den Dünen kleine Höhlen bauten. Sie fassten diese Höhlen mit Mauern ein und markierten somit ihr Terrain. Idylle – pur!!!

Doch plötzlich durchdrang eine zornige Stimme die perfekte Stille: „Hey, rutsch rüber auf Deine Seite und nimm mir nicht den ganzen Sand weg!"

Nimm mir nicht den ganzen Sand weg???

Wir erinnern uns: endlos langer, weißer Sandstrand!!!

Und der Zwerg hat nichts Besseres zu tun, als sich Sorgen zu machen, dass sein Bruder ihm ein paar Körnchen des begehrten Baumaterials streitig macht??? HALLO???

Als mir die Ironie dieses Augenblicks bewusst wurde, musste ich schallend loslachen. Das konnte ich einfach nicht glauben! Der junge Mann saß in einer Goldmine und machte sich Gedanken, dass eventuell ein Hauch von Goldstaub vom Winde verweht würde!!!

Meine Männer schauten mich verständnislos an und warteten auf eine Erklärung. Als ich mich gefasst hatte, fragte ich unseren Beachboy: „Wo befinden wir uns gerade?"

„Na, am Strand!"

„Genau! Und was macht so einen Strand aus?"

„Was ist das für ne blöde Frage!? Na, Sand natürlich!"

„Bingo! Und davon ist hier ja wohl reichlich vorhanden. Wie, in Gottes Namen, soll dein Bruder dir denn da etwas *wegnehmen*?"

Der irritierte Sandburgbauer schaute sich zu allen Seiten um, gerade so, als wolle er sich versichern, dass das, was die Mama da gerade gesagt hatte, auch wirklich zutraf.

Dann, ganz langsam, machte sich ein schelmisches Grinsen in seinem Gesicht breit und man konnte geradezu sehen, wie es in seinem hübschen Köpfchen „klick" machte!!! Wir prusteten alle vier los, dass uns die Tränen kamen.

Von diesem Augenblick an begleitete uns der *Running Gag* den ganzen Urlaub über. Immer, wenn Streit bezüglich des Teilens drohte, ließ einer von uns einen passenden Spruch los und gleich entschärfte sich die Situation.

So viel zum Thema „brüderlich teilen" …

Wer ordnung hält, ist nur zu faul zum Suchen

Den Spruch *„Wer Ordnung hält, ist nur zu faul zum suchen"* fand ich schon immer bescheuert! Ich mag Ordnung. Ja, echt!!!

Gut, man muss ja nicht gleich übertreiben und die Socken nach Farben im Schrank einsortieren, aber so ein gewisses Maß an Ordnung hindert mich persönlich daran, im Chaos zu versinken, das unwillkürlich herrscht, wenn man als einzige Frau in einer „Männer-WG" wohnt.

Und so haben wir versucht – und wir versuchen es noch immer täglich – unseren Jungs auch ein gewisses Maß an Ordnung anzuerziehen.

Dass wir an der Umsetzung allerdings noch sehr hart arbeiten müssen, durfte ich erst neulich wieder schmerzlich erfahren:

Ich war gerade dabei, die Schulbrote für die Kinder einzupacken, die Wasserflaschen bereit zu stellen und an diverse Geldbeträge zu denken, die mal wieder für irgendein Grammatik-Heft, Kopien oder sonstige „Kleinigkeiten" eingesammelt wurden, als mir auffiel, dass unser jüngster Spross hektisch nach irgendetwas suchte.

Na klar, die Zeit drängte ja auch, der Schulbus würde gleich fahren! Aber er inspizierte die Küche, rannte ins Wohnzimmer und kam schließlich zu mir und fragte mich, wo denn seine Sweatshirt-Jacke sei. Die schwarze, nicht etwa die weiße und schon gar nicht die rote!!!

Ich machte ein paar Vorschläge, die aber direkt mit einem zornigen „Nein, hab ich schon geguckt!" abgeschmettert wurden.

Nichts war richtig und seine Laune verfinsterte sich zusehends! – Jetzt war Vorsicht geboten, denn wenn diese Blicke und dieser Ton kamen, verhieß das nichts

Gutes. Noch einmal versuchte ich es mit einem neuen Tipp, als sich sein Bruder einmischte:

„Ist doch alles halb so schlimm. Such doch gar nicht weiter, wenn sie weg ist, ist sie weg. Geh einfach bei *eBay* rein und ersteigere Dir `ne Neue – da gibt's doch alles!"

Na super! So einfach ist das also heute, ja?! eBay ersetzt Ordnung! Na, toll!!! Und die Geschichte muss neu geschrieben werden! Dann heißt es ab heute: Wer Ordnung hält, ist selber Schuld! – Oder:

Drei, zwei, eins ... meins!!!

Unverhofft kommt oft

Dass man immer und überall etwas lernen kann, ist nicht neu. Und genau deshalb nutzen wir fast jede Gelegenheit, unseren Kindern auch außerhalb der Schule, Wissen zu vermitteln.

Und dann kommt es schon mal vor, dass wir doch sehr überrascht werden ...

Es waren Ferien. Ich hatte unseren Kleinen bereits zu Bett gebracht und widmete mich gerade einem Berg Bügelwäsche. Der Große lag mit Papa auf dem Sofa und schaute noch Nachrichten. Es lief gerade ein Beitrag über Brüssel.

Eigentlich zum Spaß fragte ich ihn, ob er wisse, von welchem Land Brüssel die Hauptstadt sei. Da er es nicht wusste, klärten wir ihn auf. Und schon nahm ein kleines *Wissens-Quiz* seinen Lauf.

Wir fragten nach Holland, Italien, Frankreich usw. Dann fragten wir nach Deutschlands Hauptstadt. Der kleine Quizmaster kam nicht drauf, und so gaben wir ihm ein paar Hilfen: Da ist der Regierungssitz, der deutsche Bundestag, das Brandenburger Tor. Doch die Fragezeichen in seinem Gesicht wollten nicht verschwinden. Ich überlegte gerade, noch einmal anzusetzen und mich in eine leichte Ausführlichkeit zu verlieren, als die Tür ganz zaghaft geöffnet wurde und ein zartes Stimmchen rief: „Berlihiiiiiiiiiin!!!"

Unsere Blicke flogen fast synchron zu unserem kleinen Besserwisser. Er stand mit einer Selbstverständlichkeit im Türrahmen, die seinesgleichen suchte. Und als wir gerade in schallendes Gelächter ausbrechen wollten, legte er noch einen drauf und meinte voller Selbstbewusstsein: „Und von Frankreich ist die Hauptstadt Paris!"

Zawusch!!!

Da war er wieder: dieser Moment, in dem wir Eltern mit offenem Mund dastehen und uns eine Welle aus Stolz und Überraschung überrollt. Nachdem uns diese Welle mitgerissen hatte, konnten wir uns nicht mehr halten vor Lachen.

Es wurde noch ein sehr schöner Abend. Und wieder einmal zeigte sich deutlich, dass man NIE auslernt!

Unverhofft kommt – eben oft!!!

Ungebetene Gäste

Es war an einem Donnerstagabend im Winter. Draußen schneite es, es war saukalt und wir hatten es uns gerade so richtig gemütlich gemacht, als es auch in unserem Wohnzimmer *schneite*: Unser kleines Schneeflöckchen schneite herein.

Er schaute genervt und kratzte sich unentwegt am Kopf, und ohne dass er einen Ton sagte, schellten meine Alarmglocken.

„Bei mir juckt alles. Das hört gar nicht mehr auf!", jammerte er.

Mein Mann wollte ihn gerade wieder geduldig ins Bett bringen, als ich ihn reflexartig festhielt und den kleinen Mann unter den besonders hellen Wohnzimmer-Deckenfluter drapierte, den ich nun exakt auf seinen Schopf ausgerichtet hatte.

Denn ohne auch nur einen einzigen Blick zu riskieren, wusste ich schon die Antwort, die mir gar nicht behagte ...

Der Papa wollte gerade anfangen, zu protestieren, als auch er ahnte, was in meinem Hirn gerade vor sich ging.

Und dann sah ich sie auch schon!

„Läuse! Ich werde wahnsinnig! Oh Gott, was mach ich denn jetzt?", schrie ich hysterisch.

Reflexartig ließ ich den Kopf von dem Aussätzigen los, der mich ganz ungläubig anstarrte, und auch mein Göttergatte sah mich irritiert an. Dann kam er, um zu sehen, ob seine hysterische Frau sich nicht vielleicht doch ...

Aber nein, auch er sah dem Grauen ins Gesicht. Sieben kleine, miese Krabbeltiere tummelten sich da an seinem niedlichen Wirbel, den er mitten auf dem Hinterkopf hat. Sie schienen sich gestört zu fühlen, wahrscheinlich hatten sie es sich auch gerade gemütlich gemacht und wollten einen kleinen Mitternachtsimbiss zu sich nehmen.

„Nee, daraus wird nichts, Freunde", dachte ich und konnte gar nicht schnell genug im Badezimmer nach dem Läusekamm suchen.

Während mein Mann unseren Jüngsten „lauste", weckte ich den nichts ahnenden Bruder, um auch ihn zu untersuchen.

Er war gottlob lausfrei.

Mein Mann war ein Segen! Er behielt die Ruhe, was sich als großer Vorteil erwies, denn ich war weit davon entfernt, ruhig zu sein.

Ebenfalls vorteilhaft war, dass wir irgendwann einmal einen multifunktionalen „Bartstutzer" im Zeltverkauf bei Lidl ergattert hatten.

Und an diesem schnöden, frostigen Donnerstagabend sollt er nun endlich seinen großen Auftritt bekommen. Denn während ich im hektischen Eiltempo zur Notapotheke raste, um *„Goldgeist"* zu besorgen, mähte der Herr des Hauses in aller Ruhe über die Köpfe unserer Söhne, bis nur noch Billardkugeln zu sehen waren. Wieder daheim, polierte ich unsere Billardkugeln mit dieser gelben, zähen Masse, deren Geruch einem wirklich die Fußnägel aufrollt. Vorsichtshalber spendierte ich meinem Göttergatten und mir auch ne Runde. – Ist doch auch viel schöner, wenn alle stinken und scheiße aussehen ...

Und dann kam sie: die *Waschorgie!!!* Zuerst wurden alle Klamotten, die wir anhatten, ausgezogen, dann alle Betten abgezogen, alle Jacken von der Garderobe genommen, und weil ja Winter war, kamen diverse Mützen, Schals, Nickitücher und vorsichtshalber auch die Handschuhe in die Maschine. Natürlich rede ich gerade nur von den Sachen der Kinder, aber dann kamen ja auch noch unsere Klamotten dran. Ebenfalls WINTERKLAMOTTEN!

Ja, der Winter kann so schön sein ...

Irgendwann hörte ich auf, die Maschinen zu zählen und fügte mich dann doch meinem Schicksal. Ein Hoch auf den technischen Fortschritt und all die schönen, bequemen Maschinchen, die uns Hausfrauen den tristen Alltag verschönen ...

Aber das war ja noch nicht das Ende der Fahnenstange. – NEIN!!!

Ich weiß ja nicht, ob ALLE Kinder sooooooooo viele Kuscheltiere mit ins Bett nehmen ... ICH jedenfalls musste mehrere gelbe Säcke füllen und gut verschließen, um sie dann für ca. zwei Wochen neben Pizza und TK-Fisch zur Ruhe zu betten. Na ja, eigentlich hätten zwei Tage gereicht, aber wer dem Grauen einmal ins Gesicht geblickt hat, der geht auf „NUMMER SICHER".

Tja, und was soll ich sagen?! – Nach der Wäsche kommt das Legen und Bügeln ...

Am nächsten Tag konnte der Große zur Schule, er war ja schließlich lausfrei, der Kleine blieb zu Hause und schaute beim Bügeln zu ...

Nachdem ich einen Großteil gereinigt hatte, hängte ich die Jacken wieder an die Garderoben, legte die Bettwäschen wieder in die Schränke usw. ...

Als unser Großer nach Hause kam, hängte er ordnungsgemäß seine Jacke an die Garderobe, an der nun wieder in bester Ordnung die frisch gewaschenen Jacken, Schals und Mützen hingen. Dann musste er sich sogleich einer neuerlichen Lausuntersuchung unterziehen.

Was ich dann entdeckte, glaubt man kaum ...

Ich dachte zunächst, dass mich meine nächtliche Wäschearie und der damit verbundene Schlafmangel bis kurz vor den Wahnsinn getrieben hätte. Nur so konnte ich mir diese kleine gemeine Scheißlaus auf seinem Kopf erklären. Aber als sie dann zwischen meinen Fingernägeln ganz laut und deutlich knackte, wusste ich: Der Wahnsinn ist bei uns eingezogen. Ich erinnere noch einmal: Ich hatte gerade erst die frisch gewaschenen Jacken zurück an die Garderobe gehängt. Genau dahin, wo nun auch wieder die Jacke unseres Ältesten hing, die ja vermutlich auch wieder kontaminiert war. Der Wahnsinn nahm kein Ende. Ganz im Gegenteil: Die nächste Waschorgie stand mir wieder bevor. Da die Kinder ja nun kontaminiert waren, durften sie am folgenden Tag nicht zur Schule. Ein zusätzliches Geschenk für eine Mutter, die die Nacht zum Tag gemacht hatte, um zu waschen. Und die nach dem x-ten Korb Bügelwäsche langsam, aber sehr sicher Schwielen an den zarten Pril-Händen bekam ...

Wir machten aus der Not eine Tugend und packten kurz entschlossen ein paar Kleinigkeiten, um ins Sauerland zum Rodeln zu fahren: kalte und warme Getränke, belegte Brote, Möhren und Paprika, ein paar Äpfel, einige Würstchen und natürlich Süßkram, damit die lieben Kleinen auch ihren „süßen Zahn" stillen konnten. Hatte ich noch etwas vergessen? Ich glaube, das war es im Großen und Ganzen ...

Ach nee, ich hab ja noch nicht die Wechselklamotten erwähnt!!! Für jedes Kind also noch ein zweites Paar Winterschuhe, ein zweites Paar Socken, je eine Jacke zum Wechseln, eine warme Hose, trockene Mützen, Schals und Handschuhe. Und für den Nachhauseweg eine Wolldecke, damit sich die Süßen nicht verkühlen ...

Ach ja, und für uns Eltern einen Kompass, um sich in dem Chaos zurecht zu finden!!! Beinahe hätte ich das Wichtigste vergessen: zwei Schlitten natürlich, damit sich das ganze auch lohnt.

Wenn man dann endlich loskommt, kann so ein Ausflug richtig Spaß machen. Und daran kann man mal wieder sehen, dass auch ungebetene Gäste durchaus etwas Positives haben können!

Machoallüren

Dass in unserer Familie bestimmte Rituale existieren, berichte ich ja nicht zum ersten Mal. Und so ist es auch nicht verwunderlich, dass wir nicht nur am Abend Ritualen frönen, sondern auch schon am Morgen.

Bei uns ist es z.B. Brauch und Sitte, dass ich zuerst unseren Großen wecke und dann den Kleinen. Die Kinder werden mit einem zart gehauchten „Guten Morgen, mein Schatz!" und einem dazugehörigen Kuss geweckt. Dann werden sie gekuschelt und natürlich frage ich überaus interessiert, wie denn das heutige Befinden ist und ob sie auch gut geschlafen haben. Dann wird das Radio angestellt (lautstärketechnisch wohl dosiert, versteht sich!!!), die Rolläden hochgezogen und bei unserem Jüngsten gibt es noch eine Sonderbehandlung in Form einer Kopfmassage, auf die der Große mittlerweile verzichtet – ist schließlich uncool.

Bis ich also in der Küche verschwinden kann, um den kleinen Prinzen ihr Mahl zuzubereiten, vergeht schon eine ganze Weile ...

Heute Morgen hatte ich just meine Weck-Rituale zelebriert und war gerade auf dem Weg in die Küche, als ich ein zartes Stimmchen vernahm: „Mama! Komm mal schnell!"

Ich fragte mich zwar noch, was denn so Eiliges geschehen sein konnte, seit ich vor gerade mal 43 Sekunden den Raum verlassen hatte – aber ich ging pflichtbewusst ins Schlafgemach des jüngsten Prinzen, um nach dem Missstand zu sehen.

Allerdings konnte ich nichts Ungewöhnliches entdecken. Er lag, mir den Rücken zugewandt, in seinem Bett, die Decke bis über beide Ohren hochgezogen, und sagte mir, ich solle einmal ganz still sein. Also lauschte ich in die morgendliche Stille – aber da war nichts.

Ich versuchte es noch einmal und vernahm das leise Glucksen der Heizung. Ha!!! Ich hatte es gehört, die Heizung war der Übeltäter! Seine Hoheit meinte nur, dass er das nicht gemeint hätte.

Noch viel angestrengter als zuvor versuchte ich dem Übel auf die Spur zu kommen – vergebens.

DA WAR NICHTS!!!

„Tut mir leid, aber ich höre nicht!", sagte ich.

„Na eben, das ist es ja! Ich höre nämlich auch nichts. Stellst Du bitte das Radio lauter?"

Ich glaube, in diesem Moment entgleisten all meine Gesichtszüge! WAR DAS SEIN ERNST?

In Sekundenschnelle lief ein Film vor meinem geistigen Auge ab: Ich würde ihn aus seinem Bett schütteln wie Frau Holle ihre Kopfkissen und würde ihn dann mit der Fliegenklatsche durch den Raum jagen wie das tapfere Schneiderlein.

Doch stattdessen richtete ich mich kerzengerade auf, schüttelte die bösen Gedanken ab und wies ihn höflichst darauf hin, dass er gefälligst seinen süßen, kleinen Hintern bewegen sollte, um sich das Radio so einzustellen, wie es für sein königliches Gehör angenehm wäre!!!

Danach schritt ich majestätisch aus dem Schlafgemach und bekam einen königlichen Lachanfall!

Vielleicht sollte ich die morgendlichen Rituale doch noch einmal überdenken ...

Putzfrau wider Willen

Ich bezeichne mich selbst als ordentlich und hab es gern, wenn mein Umfeld sauber und geordnet ist. Deshalb ziehen wir zu Hause auch die Schuhe im Flur aus und rennen im Haus dann mit Hausschuhen herum – oder wie unsere Burschen: am liebsten auf Socken. Aber gut – besser auf Socken als mit Dreck verkrusteten Fußballschuhen ...

Folglich ist es mir ein Anliegen, die Tugenden von Ordnung und Sauberkeit auch in gewissem Maße unseren Jungs angedeihen zu lassen. Aber man ahnt es schon – es sind Jungs! Und wenn es um diese Themen geht, fühle ich mich oft wie eine defekte Schallplatte, die immer und immer wieder die gleichen Passagen herunterspult ...

So erging es mir auch erst gestern wieder.

Nachdem ich morgens unsere Jungs gut auf den Weg zur Schule gebracht hatte und die Tür hinter ihnen schloss, traf mich fast der Schlag! Denn als ich durch den Flur lief, knirschte es verdächtig unter meinen Hausschuhen: Sand!!!

Ich schaute mich um und wurde sofort in meiner Vermutung bestätigt.

Aber eigentlich war es noch viel schlimmer als befürchtet. Denn es war nicht nur der verhasste Sand. Nein! Es waren vor allem fette Lehm-Kluten, die sich wie ein roter Faden durch den Flur zogen. Wild entschlossen folgte ich dem „roten Faden".

Er zog sich nicht nur durch den kleinen Flur, er zog sich auch durch den großen Flur, die Küche und dann auch noch die Treppe rauf!!!

Wutentbrannt folgte ich der Spur des Täters und gelangte durch den oberen Flur in´s Zimmer unseres Schmutzfinken!!!

Aha, er war also der Übeltäter. Ich schnaubte bereits vor Wut und hatte schon den Staubsauger in der Hand, als mir eine viel bessere Idee kam: Ich holte Handfeger und Kehrblech und „sammelte" fein säuberlich jeden einzelnen Lehm-Klumpen auf. Zuerst aus dem kleinen Flur, dann aus dem großen Flur, aus der Küche, von der Treppe, und dem oberen Flur. Es war eine wirklich erstaunliche Menge zusammengekommen!

Meine Ausbeute kippte ich an eine strategisch wertvolle Stelle in des Täters Zimmer. Ich wusste ganz genau, dass er am Nachmittag Besuch von seiner besten Freundin bekommen würde. Und ich wusste ebenso, dass er dann ein sauberes Zimmer vorzeigen wollte. Da war er doch tatsächlich pingelig.

Als er nach Hause kam, sagte ich erst einmal gar nichts. Ich bat ihn lediglich, die Schuhe an der Garderobe auszuziehen und beim nächsten Mal seine Dreck-Kluten nicht überall zu verteilen.

„Ach ja!", meinte er mit einem süffisanten Lächeln, er hätte heute Morgen noch mal dringend nach oben gemusst ...

„Kein Problem soweit!", sagte ich ihm. Solange er beim nächsten Mal die Schuhe ausziehen würde.

„Klar doch, geht in Ordnung", meinte er. Er hätte es heute Morgen in der Eile doch glatt vergessen ...

„Kann ja mal passieren!", sagte ich und fügte in Gedanken hinzu: *Beim nächsten Mal wirst Du schon dran denken!*

Am Nachmittag war ich unterwegs. Und somit bekam ich leider nicht live mit, was geschah, als der Übeltäter den Tatort betreten hatte. Als ich aber später in sein Zimmer ging, war es porentief rein und der Staubsauger stand ein wenig verstohlen in der Ecke. Mein Grinsen war alles andere als verstohlen: es war breit und überaus zufrieden! Ahnte ich doch, dass ich meinem großen Ziel, dem Vermitteln von Tugenden, ein kleines Stückchen näher gekommen war ... ☺

McDonald's

Ein Besuch bei McDonald's spaltet die ansonsten harmonische Familie in zwei Lager: in das der GLÜCKSELIGEN (Endorphine durchströmen das kindliche Gehirn und bringen es dazu, die wildesten Geräusche von sich zu geben) und in das Lager der KAPITULIERER.

Was? – das Wort gibt es so nicht? – Na, dann fragt mal all die leidgeprüften Eltern, die mit ihren Sprösslingen bei McD Erfahrungen sammeln durften ...

Okay, also ein Besuch bei McD bedeutet zunächst einmal: Es ist laut! Ja, in diesen Läden ist es irgendwie IMMER laut. Selbst, wenn man seine Kinder nicht dabei hätte, was rein hypothetisch ist. Denn wenn man seine Kinder nicht dabei hätte, säße man ja nicht dort! Also, selbst wenn man kinderlos glücklich dort säße, es wäre laut, weil ja alle anderen Eltern ihre Kids dabei haben. Deshalb ist es ratsam, sich schon draußen mental auf diese Tatsache einzustellen.

Mental *gewappnet*, begibt man sich dann zur Theke. ICH bin immer heilfroh, wenn sich vor uns eine Endloswarteschlange schlängelt. Ja, ehrlich! Weil es für mich bedeutet, dass ich noch eine Extra-Portion Zeit bekomme. Zeit zum Überlegen, Zeit, sich meinem unausweichlichen Schicksal langsam zu nähern.

Denn wenn ich da so stehe, vor all den bunten Tafeln und Plakaten mit ihren „Menü"-Vorschlägen, bin ich völlig überfordert.

Ich schwöre, vorher wusste ich ganz genau, was ich wollte! Aber sobald ich in dieser Schlange stehe, ist mein Hirn leer. Diese Reizüberflutung ist einfach zu viel für mich! Ich stehe dann immer da und weiß gar nicht mehr, was ich nehmen soll.

Ich hoffe dann immer inständig, dass man mir meine Verzweiflung nicht ansieht!

Während die Kids lautstark (auch gut hörbar für den Gast in der hinterletzten Ecke) verkünden, was sie wollen, bin ich keinen Schritt weiter in meiner Menüwahl, aber wieder einen Schritt näher an der Kasse, was bedeutet: die Zeit drängt.

Langsam merke ich, dass meine Wangen eine rosige Farbe angenommen haben und mir der Angstschweiß ganz vorsichtig (aber deutlich fühlbar) den Rücken runter läuft. Dass ich abwechselnd mal links, mal rechts am Arm gezupft werden, um bei der Entscheidungsfindung, welches Spielzeug denn nun in die Juniortüte soll, zu helfen, macht die Situation auch nicht besser.

Auch die Aufforderung, doch mal zu schauen, wie viele McDonald's-Strohhalme in eine Jackentasche passen, ist nicht wirklich hilfreich in solchen Momenten.

Okay, dann ist es soweit: Ich bin dran! Falls es bei den Juniortüten bleibt, was sich durchaus im entscheidenden Moment noch ändern kann, bestelle ich diese ganz souverän.

Und weil ich mich immer noch nicht entscheiden konnte, ob ich das „McDonald's-Schlankmenü" oder das „McDonald's-*Heute gönn ich mir was*-Menü" bestellen soll, nehmen ich wie immer einen Pott Cappuccino und schaue den glücklichen Kindern beim Essen zu.

McD – Mein Cappuccino-Dauerbrenner!

Depressionen und andere Beschwerden

Ich denke, die meisten Frauen werden wissen, wovon ich rede, wenn ich von den monatlich wiederkehrenden Beschwerden spreche, die einem immer ganz deutlich machen, dass man eine Frau ist ...

Ob es nun die quälenden Unterleibsschmerzen, die stechenden Rückenschmerzen, die bohrenden Kopfschmerzen oder die ziehenden Schmerzen in den Brüsten sind – egal wie – eine jede von uns hat da so ihr Päckchen zu tragen.

Seit geraumer Zeit muss ich mich mit dem letzten Phänomen herumschlagen – den ziehenden Brüsten!!! Und immer, wenn dann dieses böse Ziehen in den Brüsten kommt – natürlich ganz unvermittelt und hinterrücks, gerade so, als wolle es sich mal schnell durch eine Hintertür einschleichen, packt mich ein geradezu zwanghafter Reflex, der mich blitzschnell an meinen Busen fassen lässt. Und mit einem durch die Zähne gezogenes Zischen wird dieser Reflex auch noch wirkungsvoll in Szene gesetzt. In solchen Momenten kann man nur hoffen, dass man nicht gerade in einem öffentlichen Verkehrsmittel oder in einer Schlange beim Bäcker steht. Das könnte in der Tat etwas sonderbar wirken.

Als mich letztens wieder so ein Reflex packte, stand ich gottlob gerade in der heimischen Küche, um das Abendessen zuzubereiten. Das geräuschvolle Zischen, das schmerzverzerrte Gesicht und mein Griff an die Brust ließ die Jungs aufsehen, und mit angstvoller Miene erkundigten sie sich, was denn mit mir los sei. Ich erklärte mit knappen Worten, dass soweit alles okay sei, dass nur meine Brüste etwas schmerzten.

Der Kleine schaute mich sorgenvoll an: „Mama, haben deine Brüste Depressionen? ..."

Auch wenn mich jetzt mal wieder so ein Ziehen heimsucht, muss ich mein Gesicht verziehen – aber nicht schmerzverzerrt, sondern zu einem breiten Grinsen!!!

Ferienzeit – ach, du liebe Zeit!!!

Wenn die Ferienzeit mal wieder gekommen ist, spaltet es die Familie zumeist in zwei Lager: ins Lager der Beglückten und ins Lager der Betroffenen ...

Im Lager der Betroffenen befanden wir uns als Eltern, denn diese Zeit bedeutete für uns auch immer gleich zwei sich streitende Kinder, die vor Langeweile nicht wussten, was sie zuerst anstellen sollten.

Und so kann man sich meine Verwunderung vorstellen, als sich unsere Jungs gleich am ersten Ferientag zusammenrauften und GEMEINSAM angeln wollten. *Na, aber hallo!!!* Da war die Mama aber begeistert!!! Und nachdem die Jungs mich mit Engelsblick und guten Worten dazu brachten, mit ihnen nach Raiffeisen zu fahren, um Maden zu kaufen, konnte nichts mehr schief gehen.

Als die Maden hübsch verpackt im Kofferraum lagen, fragte ich unseren Großen, wo er die Viecher denn lagern wolle, falls nicht alle „verangelt" würden.

„Kein Problem, Mama! Die lagern wir dann im Kühlschrank, da bleiben sie schön frisch!"

Entsetzter Protest meinerseits blieb da nicht aus, denn die Vorstellung, in MEINEM Kühlschrank Krabbeltierchen zu wissen, raubte mir den letzten Nerv und ich fing schon mal prophylaktisch an, mich zu jucken.

Ich machte SEHR deutlich, dass diese Viecher in keinem Fall in unserem Kühlschrank ein Plätzchen finden würden und ich sie auch sonst nicht im Hause haben wolle. Ich schlug den Schuppen vor, der kühl genug zur Lagerung sei.

Unsere Jungs nahmen es schweigend hin und gingen Angeln. Sie blieben lange und hatten entsprechend Spaß. Am Nachmittag kehrten sie zwar erfolglos, aber sehr zufrieden zurück. Ich war begeistert.

Irgendwann durchfuhr mich ein Geistesblitz, der mich

mich fragen ließ, wo denn nun der Rest der Maden geblieben war. Aber wie es so mit Blitzen ist, kommen sie unerwartet und verschwinden ebenso schnell auch wieder. Und da ich an diesem Nachmittag mit so vielen anderen Dingen beschäftigt war, war dieser Blitz nur ein kurzes Aufleuchten und gleich darauf schon wieder vergessen.

Am nächsten Morgen saßen wir gemütlich beim Frühstück, ich nahm gerade einen beherzten Schluck aus meiner Kaffeetasse, als unser großer Angelmeister mir voller Stolz erzählte, dass er nun den idealen Lagerplatz für die Maden gefunden hatte. Ich verschluckte mich fast augenblicklich und stellte schnell die Tasse ab, denn ich ahnte nichts Gutes!!!

„Im Kühlschrank sind sie!", meinte er mit einem zufriedenen Lächeln. Ich war plötzlich hellwach und fixierte den Kühlschrank. Ehe ich mit einem Donnerwetter aufwarten konnte, meinte er: „Bleib ganz ruhig! Nicht in diesem Kühlschrank, sondern im Keller – da kann ja nichts passieren!"

Ich glaube kaum, dass ich jemals so schnell im Keller war wie an diesem Morgen!!! Ich riss die Tür auf und sah sie: die Madendose. Zunächst war alles ganz normal und friedlich. Aber als ich die Dose anhob, merkte ich sofort, dass der Deckel nicht verschlossen war, doch lag keine einzige Made daneben – na, Gott sei Dank! – Da hatten wir ja noch einmal Glück gehabt. Dennoch wollte ich auf Nummer Sicher gehen und schaute vorsichtshalber in den Schubfächern der Tür nach – und dann traf mich der Schlag!!! Da tummelten sie sich und schienen gar nicht erfreut über die plötzliche Ruhestörung! Die Kinder, die mir gefolgt waren, schrieen angeekelt auf und rannten die Treppe hoch nach oben! Na super!

Da stand ich nun mutterseelenallein im Keller und war umzingelt von vielen, kleinen Maden! Eine Situation, die sich niemand wirklich wünscht!!! Nachdem ich mich gefangen hatte, überrollte mich eine Monsterwelle WUT!!! Das konnte doch jetzt nicht sein: die Kinder verbockten diesen Mist, obwohl sie strickte Anweisungen hatten, dies nicht zu tun, rannten bei der ersten Gelegenheit weg und überließen mir den Rest!!! Das war ZUVIEL!!! Der Feldwebel in mir meldete sich und ich ließ die Jungs zum Appell antreten. Sie mussten sich dem Elend stellen – genau wie ich. Nachdem die beiden ihren Würgereflex unter Kontrolle hatten, ließ ich sie alle Maden wieder umfüllen. Natürlich DRAUSSEN!!! Alle Tierchen mussten ausnahmslos zurück in diese verflucht unzuverlässige Madendose.

Dann machte ich den Jung-Anglern einen großen Eimer mit Spülmittel fertig und sie mussten ALLE Teile des Kühlschrankes nicht nur putzen, – nein – sie musste sie SCHRUBBEN, desinfizieren und anschließend abtrocknen. Mein Kühlschrank war wieder porentief rein wie lange nicht!

Zu guter Letzt wurden die Maden in einer zusätzlichen Tüte verpackt und im Schuppen gelagert. Dem reumütigen Blick der Kids nach zu urteilen würde sich dieser Vorfall nicht mehr wiederholen ...

Das große Glück war, dass sich außer ein paar verschlossenen Wasserflaschen nichts im Kühlschrank befunden hatte.

Ich möchte mir gar nicht erst vorstellen, was passiert wäre, wenn der saftige Schokoladenkuchen für den Nachmittag im Keller gestanden hätte ...

Ferienzeit – ach, du liebe Zeit ...

Oh, gelobte Langeweile!!!

Der Sonntag fing verheißungsvoll an: Die Kinder brachten uns frischen, dampfenden Kaffee und Knack&Back-Brötchen ans Bett, um uns sanft zu wecken. Na, das war doch mal eine tolle Idee. Und das Ganze zu einer wirklich akzeptablen Zeit, morgens um halb zehn in Deutschland!!! Wir frühstückten im Bett und begannen den Tag wunderbar träge und entspannt.

Das Wetter allerdings war nicht so gnädig mit uns, und so regnete es schon den ganzen Vormittag. Nach dem Mittagessen wollte sich mein Mann wieder genüsslich zu einem Mittags-Schläfchen hinlegen, um danach den Rest des Tages faul vor dem Fernseher zu verbringen.

Soweit der *Plan* ...

Aber nicht mit unseren Kindern! Die hatten nämlich ganz andere Vorstellungen.

Sie wollten gerne mit uns ins Freizeitbad. Ende Juli hätte man ja durchaus davon ausgehen können, sich im Freibad zu tummeln, aber da gerade mal 13 Grad Außentemperaturen inklusive eines kühlen Landregens herrschten, mussten wir wohl oder übel umdisponieren. Und so verabschiedete sich mein geliebter Mann vom Gedanken an einen gemütlichen Sonntagnachmittag auf dem Sofa und wir packten flink die Taschen.

Als wir am Bad unseres Vertrauens angekommen waren, traf uns fast der Schlag: Da stand man schon Schlange, um auf den hoffnungslos überfüllten Parkplatz zu gelangen. Wir drehten kurzerhand um und platzierten unser Gefährt auf dem angrenzenden Aldi-Parkplatz. Noch regte sich in mir die Hoffnung, dass all diese Autos doch bitteschön den Besuchern der Sauna-Landschaft zuzuschreiben wären ...

Als wir dann die Tür zum Spaß-Bad aufstießen, sonderten wir fast zeitgleich einen Schrei des Entsetzens ab. Die ganzen Autos da draußen gehörten alle, restlos ALLE hier her, zu all den Familien, die den gleichen Gedanken gehabt hatten wie wir. An der Kasse erzählte uns dann der junge Angestellte, dass sie just am heutigen Tag den absoluten Super-Rekord von 991 Besuchern gebrochen hätten – und zwar schon um 15 Uhr. Jetzt war es 15.30 Uhr und die Schlange hinter uns riss nicht ab. Ein kurzes Überlegen ging durch unsere Köpfe, ob wir diesem Inferno noch irgendwie entrinnen könnten, als sich die Kinder lauthals FÜR den Besuch aussprachen und auf keinen Fall nach Hause wollten. SCHEISSE!!! Normal hab ich ja einen Plan B im Gepäck (man weiß ja nie ...), aber wenn dieser schon abgewürgt wird, bevor er überhaupt eine Chance hat, ausgesprochen zu werden, kann man getrost auf eben diesen Plan B verzichten. Da half gar nichts mehr, also: AUGEN ZU UND DURCH.

Aber genau darin bestand schon das erste Problem! DURCH? Wie denn, bei dem Gedränge? Nachdem wir endlich eine Kabine gefunden hatten, kam die nächste Hürde: die Duschen – viel zu voll, um überhaupt einen Blick auf einen Wasserstrahl zu erheischen. Also lieber gleich (ungeduscht) ins Gewühl.

Der Anblick von mittlerweile ungefähr 1000 halbnackten Menschen auf engstem Raum lässt so manchen beglückt frohlocken – mich nicht!!! Es war der blanke Horror: Quengelnde Kinder wurden von genervten Erwachsenen durch die Massen dirigiert, übermütige Jugendliche meinten, besonders coole Stunts machen zu müssen, um auch nur ja gut bei ihren Altersgenossen anzukommen, besonders Mutige versuchten ihre Pommes unbeschadet von A nach B zu transportieren. Es war wie im Film – in einem SCHLECHTEN FILM – und wir mittendrin.

Irgendwann schafften wir es, das Wasser zu sehen. Eine halbe Stunde später schafften wir es sogar, im Wasser zu gehen – an Schwimmen war nämlich hier nicht zu denken – hätte man sich Feinde machen wollen, hätte man problemlos ÜBER das Wasser laufen können – einfach mal beherzt auf jeden Eierkopf treten und schon wäre man fluchs überall hingekommen. Ich wollte nur noch NACH HAUSE!!!

Aber bis zu meiner Erlösung hatte ich noch einige Prüfungen zu bestehen. Den Kindern schien das alles gar nichts auszumachen. Sie plapperten fröhlich – und in entsprechender Lautstärke – vor sich hin und beglückten uns mit Darbietungen ihrer Aqua-Künste. Denn wenn sie mal eine freie Ecke entdeckt hatten, mussten sie uns gleich ihre vielfältigen Arschbomben-Varianten präsentieren. Und wehe, wenn wir die nicht entsprechend würdigten – dann war aber Holland in Not!!!

So quälten wir uns durch den Nachmittag und träumten von unserem GEMÜTLICHEN Sofa ...

Nach fast 2 Stunden war die Schmerzgrenze erreicht und wir erlösten uns selber, denn die Kinder hätten das noch lange nicht getan.

Wir bahnten uns den Weg zurück zum Ausgang. Als ich die Tür zu den Duschen aufdrückte, wehte mir ein undefinierbarer Duft entgegen. Die erste Komponente war eindeutig Zigarettenqualm, die zweite kam mir seltsam vertraut vor und ich wusste genau, dass ich sie kannte ... Aber woher bloß? Doch dann wurde mir die Erkenntnis geradezu ins Gesicht geschleudert: natürlich kannte ich den zweiten Duftstoff!!! Als ich nämlich am Mülleimer, der übrigens mittlerweile überquoll, vorbeigeschoben wurde, erhaschte ich einen wenig appetitlichen Blick auf eine VOLLGESCHISSENE WINDEL!!!

Da wusste ich: Schnelligkeit war hier die Devise. Und so duschte ich im Eiltempo, um nur ja schnell dem Mief zu entkommen. Als ich das geschafft hatte, konnte es nur noch besser werden.

Ein plötzlicher mitleidiger Gedanke an meinen Mann durchzog mein vernebeltes Hirn. Er hatte bei all dem

Trubel auch noch beide Jungs im Schlepptau!

Der Arme!

Ich suchte meinen Spind, eine freie Kabine und zog mich um. Als ich dann die Tür aufmachte, um in die Freiheit zu stürzen, trat ich fast in einen vollbesetzten Baby-Safe, der direkt vor meiner Tür geparkt worden war. Nur um Haaresbreite verfehlte ich den kleinen Schatz, der schmatzend und genüsslich sein Gläschen verputzte. Das Fönen schenkte ich mir bei dem Anblick der Schlange und wankte zittrig zum Ausgang.

Und als ich dann schon dachte, das Schlimmste wäre überstanden, sah ich sie: meine Jungs! Nur darauf lauernd, dass Mama um die Ecke kommt, um sie dann gleich mit den automatisierten Sätzen: „Wir haben Hunger, wir haben Durst!!!" zu torpedieren.

Da ich nicht mehr gewillt war, noch länger als nötig hier zu bleiben, begann ich mit der „Erstversorgung" vor Ort: Müsli-Riegel, Apfelspalten und Mineralwasser, das wir natürlich alles eingepackt hatten, um dann eine kulinarische Überraschung zu Hause in Aussicht zu stellen. Wie die aussehen sollte, wusste ich zu dem Zeitpunkt auch noch nicht, aber ich hatte auf der Rückfahrt ja entsprechend Zeit, mir auch darüber noch Gedanken zu machen...

Tja, und als wir dann so schön im Auto saßen, überkam mich eine bleierne Müdigkeit und ich träumte von unserem Sofa, das sicherlich schon auf uns warten würde ...

Langeweile – was für ein LUXUS!!!

Ho, ho, ho ...

Alle Jahre wieder kommt sie: die besinnliche Weihnachtszeit. Und wenn wir mal ehrlich sind, gewinnt sie mit den Kindern auch wieder an Bedeutung – zumindest meistens ...

Es war Anfang Dezember, als sich zwei Nachbarinnen, ebenfalls Mütter, und ich uns an die Planung einer Nikolausfeier machten. Es sollte kein Riesenaufwand werden, aber eben schön und unvergesslich für die lieben Kleinen! Dass diese Feier dann doch eher für die Großen unvergesslich wurde, dafür sorgten dann schon unsere Söhne, oder besser gesagt, einer davon.

Wir hatten, wie es sich für die moderne, engagierte Mutter von heute gehört, super niedliche Nikolaus-Tüten selber gebastelt (und waren echt stolz auf uns ...), hatten uns über das *Catering* ausführliche Gedanken gemacht und kamen dann zum Entscheidenden: dem Nikolaus. Der Schwager unserer Nachbarin wollte uns den bärtigen Alten mimen und wir waren ganz selig. Also überlegten wir uns ein paar Charakterzüge unserer Sprösslinge, die im *Goldenen Buch* stehen sollten.

Zuerst sollten da natürlich ein paar nette Dinge stehen: sie loben, ihnen zeigen, worauf man stolz ist (das ist schließlich pädagogisch wertvoll), um sie dann mit der vollen Bandbreite ihrer Verfehlungen zu bombardieren.

Ich schrieb also einen kleinen Zettel, auf dem die positiven Eigenschaften unserer Jungs standen und Handlungsanweisungen für die negativen auf der Rückseite (nicht so oft mit dem Bruder zanken, nicht gleich ausflippen, wenn man mal seinen Willen nicht kriegt ...).

Bei unserem jüngsten Spross fiel mir direkt ein, dass er unheimlich gerne singt und tanzt. Na bitte, das war doch perfekt für den guten, alten Nikolaus, der würde seine helle Freude haben an so einem mustergültigen, kleinen (B)engel!

Die Vorbereitungen liefen gut und dann kam endlich der große Tag. Die Kinder waren schon etwas aufgeregt, besonders die Nachbarskinder. Unseren Jungs merkte man jetzt nicht unbedingt eine gesteigerte Nervosität an – man gab sich eher cool und abgeklärt. Besonders unser Großer, der ja schon „Bescheid wusste" – aber „dicht" hielt.

Wir hatten gerade die Fütterung der Raubtiere mit Lebkuchen, Printen und Dominosteinen beendet, als es an der Tür klopfte. Die Kinder erwarteten ja schon den Nikolaus und flüchteten teilweise unter den Tisch oder wahlweise an Mamas rettendes Bein (irgendwie scheinen die Beine von Müttern etwas Magisches, Zauberhaftes an sich zu haben …).

Der Nikolaus nahm Platz, begrüßte die versammelte Mannschaft und öffnete das *Goldene Buch*.

Jedes Kind kam dran, mal mehr, mal weniger aufgeregt. Dann kam unser tanzender Sänger. Der gute alte Mann sah in das verheißungsvolle Buch, sah den kleinen Kerl dann an und sagte: „So, so, du kannst also so schön singen und tanzen!"

Es entstand eine kurze Pause, so als ob sich der Bengel sammeln müsse, um dann mit allem Nachdruck zu gestehen: „Nee, was ich kann, ist rülpsen und furzen!!!"… Aaaaaaaaaaaaaaaaaaaaaaaaa, bitte, lieber Gott, wenn es Gerechtigkeit auf dieser Welt gibt, dann lass mich aus diesem Albtraum erwachen!

Aber ich wurde nur von dem Gelächter der um mich versammelten Nachbarn samt Omas und Opas, Patentanten, Cousins und mehr aus meiner gerade eingesetzten Versteinerung gerissen. Das konnte doch nicht wahr sein!

Das war eindeutig nicht mein Kind – nein, nein und noch mal nein!!! Was war denn hier schief gelaufen?

Sogar der alte Mann in Rot konnte sein Lachen unter dem falschen, weißen Bart nicht verbergen.

Tja, was soll ich sagen?! – So ein Nikolausbesuch ist doch immer wieder für eine Überraschung gut.

Magere Zeiten

Bei mir ist es turnusmäßig so, dass ich meist nach Weihnachten, spätestens nach Ostern, die Vertrauensfrage stelle: War diese Hose eigentlich immer schon so knapp geschnitten???

Und wenn ich mir dann eingestehen muss, dass diese meine Lieblingshose doch schon mal etwas lockerer um die Hüften saß, wird es Zeit zum Handeln!!!

Wie gut, dass es Kochbücher gibt, die einem auf dem Weg zur Lieblingshose den Weg ebnen sollen ...

Also besorgte ich mir besagtes Kochbuch und legte los mit einem ziemlich üppigen Einkaufsmarathon.

Zuhause angelangt, versuchte ich verzweifelt, alles im Kühlschrank zu verstauen, was sich als besonders schwierig erwies. Und als mein geliebter Mann am Nachmittag den Kühlschrank öffnete und mich erstaunt fragte, ob er auf wundersame Weise direkt in der Gemüseabteilung von Marktkauf gelandet sei, da beschlich mich schon für kurze Zeit der Gedanke, dass ich es doch vielleicht übertrieben hatte!!! Aber den Gedanken schob ich schnell zur Seite, denn mir war ja klar, dass all die frischen, gesunden Sachen schon bald verbraucht sein würden.

Dass sich in diesem Moment eine riesige, scheinbar unüberbrückbare Kluft zwischen Theorie und Praxis auftat, bemerkte ich da noch nicht ...

Um meine Familie nicht direkt ins kalte Wasser zu schmeißen, beschloss ich, sie sanft an die „Veränderungen" heranzuführen – je unauffälliger, desto besser!

Also versuchte ich es auf die taktisch kluge Art und Weise!!! – Wozu ist man(n) FRAU!!!???

Den Einstieg machte ich mit einem Kartoffelsalat – den essen alle Männer gern, meine machen da keine

Ausnahme! Also her mit dem Rezept und fröhlich geschnibbelt. Statt in Majo hüllte ich die Knollen in einen Traum von Joghurt und Saurer Sahne (10% Fett), würzte hier und schmeckte dort ab und hatte, wenn ich meinen Gaumen fragte, ein absolut fantastisches Ergebnis! Ich war begeistert. Doch nun galt es, den Gaumen der Herren zu überzeugen.

Die erste Ernüchterung folgte auf dem Fuße! Wo denn bitte schön die Fleischwurst sei? Ein Kartoffelsalat ohne Fleischwurst – einfach undenkbar. Na toll, vielen Dank! Aber so schnell ließ ich mich nicht entmutigen und schnibbelte schnell noch ein paar Stücke Wurst in die Männerportionen – meine blieb vegetarisch. Wo kämen wir denn da hin, wenn ich mir nicht selber treu bliebe??? Ha!!!

Am Abend punktete ich dann mit fettreduzierten Snacks vorm Fernseher und war so relativ zufrieden und zuversichtlich, was die künftigen Tage betraf.

Am Sonntag bekam ich die ersten Kritiken: Die Portionen seien aber klein ausgefallen und außerdem würde die Sauce am Fleisch fehlen!

Am Montag gab es dann Nudeln, um die Gemüter wieder zu beruhigen. Aber ich kochte VOLLKORNUDELN!!! Das war dann auch schon wieder zu exotisch, und so schwand langsam mein Hochgefühl.

Am Dienstagmorgen gab ich mich einem Kochmarathon hin und zauberte gleich drei leckere Varianten, bei denen sicher für jeden etwas dabei war. Es gab Blumenkohlauflauf, Hackbällchen, wahlweise Hähnchenbrust auf Gemüsebett in Alufolie gegart und zum Nachtisch einen feinen Zitronenjoghurt. Das Ganze hatte mich etwa 3 Stunden an den Herd gefesselt – aber ich hatte schließlich eine Mission zu erfüllen und das fordert nun einmal Opfer – die war ich bereit, zu erbringen!!!

Der Erste kam nach Hause! Unser Jüngster setzte sich mit einem Bärenhunger an den Tisch. Gute Voraussetzungen! Aber schnell war klar: Ich konnte mit meinen Menüvorschlägen nicht punkten!!! Er probierte alles, gab aber nur schlechte Kritiken – nicht einmal den Nachtisch wollte er! Na, das war ja ein gelungener Anfang!!! Ich war total enttäuscht.

Als mein Mann sich an den Tisch setzte, war er mindestens genau so hungrig wie der kleine Kritiker, und ich glaube, nur deshalb, machte er seinen Teller leer. Aber nicht ohne seinem Unmut freien Lauf zu lassen. Meine Wut und Enttäuschung wuchs ...

Bei unserem Ältesten lief dann das Fass über. Er machte sich gar nicht erst die Mühe, zu probieren, sondern verweigerte direkt die Nahrungsaufnahme. – Na, toll!!! Das hatte ja gut geklappt. Da hatte ich kostbare Stunden in der Küche verbracht, um mir dann auf der ganzen Linie schlechte Noten einzuhandeln. Ich war STINKSAUER!!!

Meine Männer allerdings auch, sie wollten in den Hungerstreik treten, wenn ich nicht endlich (!!!) wieder zur Vernunft kommen würde und so kochen würde wie früher! – Wir erinnern uns: Ich hatte das neue Kochbuch gerade mal vier Tage!!! Aber okay! Letzten Endes resignierte und kapitulierte ich vor der männlichen Allianz. Und auf meine Frage, was es denn am nächsten Tag zu Essen geben sollte, waren sich alle einig, dass es eine Lasagne sein sollte. Aber bitte eine RICHTIGE!!! Nicht so eine Pseudo-Lasagne mit Möhren und Erbsen, die sich unter einer Haube von fettreduziertem Käse versteckten.

Und so stand ich am Mittwochmorgen wieder in der Küche und bereitete eine von Fett triefende Lasagne zu, die ihresgleichen suchte. Und was soll ich sagen? Es wurde mir mit glänzenden, nein strahlenden Augen gedankt. Mein Ruf wäre damit wieder hergestellt!!! Doch für mich ist klar: Jetzt kommen magere Zeiten auf MICH zu!!!

Unbekanntes Universum

Wer kennt sie nicht, die vollmundigen Versprechen der großen Technik-Tempel: Geiz ist geil, das ist MEIN Laden, oder besonders beliebt: Ich bin doch nicht blöd! DOCH! – denke ich dann immer, du bist sogar besonders blöd, wenn du so eine einfältige Werbung machst. Aber ich soll ja auch gar nicht angesprochen werden! Die Männer dieses Planeten sollen schließlich angesprochen werden, die es lieben, sich in solchen Tempeln stundenlang über die neuesten Technik-Trends zu informieren.

Da wird gefachsimpelt über die besten Media-Player, Blue-Ray, DVD und MP3-Player. Da wird diskutiert, welche Formate abgespielt werden können: BD-Rom, BD-R oder BD-Re. Ich steh dann immer da und frage mich: Was ist denn bloß aus der guten, alten BRD geworden?

Aber zu diesem Zeitpunkt sind die Männer schon nicht mehr ansprechbar, zumindest nicht für die weiblichen Wesen unter uns!

Nein, sie sind längst abgehoben, auf dem Weg zum fernen Planeten Saturn! Um sich dort über Kompatibilitäten zu informieren. Oder über HDMI, optische Ausgänge – und dabei sind nicht diese kleinen, grünen Schilder über dem Notausgang gemeint –, analoge 2-Kanal-Audio-Ausgänge, oder sollen es doch gleich zwei Ausgänge als USB vorne und hinten sein? – Man kann ja nie wissen!

Hallo? Ist hier noch jemand, mit dem man vernünftig reden kann? Natürlich! Vielleicht über die Technologie der kleinen, neuen Smartphones? Oder sollte ich besser sagen: der neuen, smarten Communicaters? Mit ihrem 4-Zoll-Touchscreen, der unglaublichen Wochenend-Flatrate für alle deutschen Netze und den galaktischen „i-Glove“ Smartphone-Handschuhen, die es nur heute zwischen 14 und 15 Uhr gratis dazu gibt? Das alles ist genau der Grund, aus dem ich Anfragen seitens meiner Familie, ob ich nicht mal mit in einen dieser Technik-Tempel kommen möchte, kategorisch ablehne.

Hey, mal ehrlich, was soll ich denn da? Wenn es nebenan ein Schugeschäft gäbe – okay! Aber so? Nein, danke!

Doch neulich ließ es sich leider nicht vermeiden, dass ich einen Gang durchs Höllentor wagen musste. Nachdem meine Männer schon mit erhöhter Herzfrequenz glücklich durch die Gänge schwebten, schlurfte ich gelangweilt hinterher.

Ich glaube, mein „Ich bin hoffnungslos verloren im Technik- Universum"-Blick löste bei unserem jüngsten Sohn Mitleid aus. Er schwebte zu mir und wollte mich aufheitern! Süßer Versuch, Liebchen! Aber völlig zwecklos. Doch da hatte ich die Kreativität unseres Sohnes unterschätzt!

„Mama, da gibt es was für deinen kranken Rücken! Stell dir mal vor: ein echt cooler Massage-Sessel!"

Er kennt mich ja so gut! Normalerweise gerate ich nämlich in totale Verzückung, wenn ich nur die Worte Massage oder Wellness höre. Doch diesmal zog auch das nicht. Also zerrte mich der kleine Technik-Freak an meiner Hand in Richtung Massage-Sessel. Widerwillig ließ ich mich in dieses „spacige" Teil hineindrücken. Der kleine Mann bediente flink und sehr geschickt ein paar Knöpfe und schon hob mein ganz persönliches Massage-Raumschiff ab. WOW! Mit jedem Durchgang entfernte ich mich nun mehr und mehr vom Planeten Saturn und schwebte glücklich Richtung Wolke 7.

Was meine Männer derweil machten, kann ich gar nicht so genau sagen, ich war schon Lichtjahre entfernt!

Als ich wieder im Hier und Jetzt landete, war mir eins klar: Ab sofort bin ich dabei, wenn meine Männer in Richtung Technik-Tempel aufbrechen ...

Der 1. Mai

Der 1. Mai ist seit Jahrzehnten ein traditionsreicher Feiertag – nicht nur in Deutschland. Was sich aus purer Not heraus – nämlich der Ausbeutung der Arbeiter durch die Arbeitgeber – entwickelte, wurde im Laufe der Jahre immer mehr zu einem Angebot der „individuellen Freizeitgestaltung" (um es mal neutral auszudrücken ...). Früher kämpften die Arbeiter erbittert um ihre Rechte, heute feiert man bis zum bitteren Ende. Der Wandel lässt sich vielleicht am ehesten so ausdrücken: vom Kampftag zum Feiertag!

Obwohl ... für einen Großteil der Bevölkerung ist es auch heute noch ein Kampftag ...

Ein paar Tage vor dem Feiertag fragte mich unser Großer, ob ich ihn und ein paar Freunde am 1. Mai in die Nachbarstadt bringen könne. Dort war ein Treffpunkt vereinbart, von dem aus es zu Fuß zu einem Bauernhof weitergehen sollte. Am Abend sollte ich sie dann dort wieder abholen. Nachdem er mir die Adresse per WhatsApp fürs Navi geschickt hatte, konnte nichts mehr schiefgehen ...

Wie vereinbart brachte ich das lustige Vierertrüppchen zum Treffpunkt und verschwand dann auch ganz schnell. Schließlich will man seinen geliebten Jungspund ja nicht in peinliche Situationen bringen...

Am Nachmittag saßen mein Göttergatte und ich gerade bei einer Tasse Kaffee und brüteten über einer möglichen Fahrradstrecke, mit der wir nach dem Käffchen starten wollten, als mein Handy klingelte. Verwundert stellte ich fest, dass es unser Partylöwe war. Was war da denn los? Es war gerade mal 14:30 Uhr! Am anderen Ende meldete sich ein ziemlich „angeschlagener" Maigänger! Und so, WIE er sich anhörte, wunderte es mich tatsächlich, dass er überhaupt noch sprechen konnte ... Ganz offensichtlich hatte er den Kampf gegen diverse Spirituosen verloren und taumelte nun – sagen wir: mit erheblichen Blessuren – am Kriegsschauplatz umher und suchte den Weg nach Hause.

Ich holte einen Eimer, ein paar Handtücher, Feuchttücher, aktivierte mein Navi und fuhr los. Dass es sich bei der angegebenen Adresse um tiefste Bauernschaft handelte, konnte ich ja nicht wissen. Mein Navi kapitulierte irgendwann. Aber ich befand mich kurz vor dem Ziel – da war ich mir sicher. Ich rief den angeschlagenen Soldaten noch einmal an und stutzte, als sich eine Freundin von ihm meldete.

„Oh", fragte ich schlicht. „Ist es so schlimm?"

Die junge Dame lachte und meinte nur, dass unser Sohnemann im Gras liegen würde und nicht mehr ans Handy gehen könne. OK! Also dann: Auf in den Kampf, dachte ich. Aber wie kam ich denn jetzt zum Schlachtfeld? Ein Freund unseres Sohnes navigierte mich dann weiter und kam mir sogar auf der langen Zufahrtstraße entgegen. Was für ein Service! Er stieg die letzten Meter ins Auto und ich fragte ihn, ob mein kleiner Krieger sich schon übergeben hatte. Ein knappes „Jau!" reichte mir – und sein verschmitztes Grinsen entging mir keineswegs. Das war doch hervorragend – so konnte die erste Ladung schon mal nicht im Auto landen! Da bin ich ja pragmatisch! Auf dem Hof angelangt, taumelte mir der Verletzte auch schon entgegen und nahm mit einem breiten Grinsen auf dem Beifahrersitz platz. Sofort drückte ich ihm den Eimer zwischen die Beine und platzierte die Handtücher drum herum – man kann ja nie wissen!

Dann wartete ich, bis auch der Rest der Fahrgemeinschaft Platz genommen hatten; zuvor hatten sie alle Klamotten von unserem Großen fein säuberlich im Kofferraum verstaut – echte Freunde eben! Vorsichtshalber erkundigte ich mich, ob noch jemand einen Eimer oder

Handtücher bräuchte ... Sie lehnten dankend ab. Die Fahrt war abenteuerlich! Der tapfere Soldat neben mir wollte – glaube ich – echt gern sterben! Er litt Höllenqualen! Hihihi ...

Der Kampf hatte seine Sinne geschärft – aber nicht zu knapp! Sein Gehörsinn funktionierte auf seltsame Weise überdurchschnittlich gut. Wenn ich sonst schon mal rufe, weil ich seine Hilfe benötige, habe ich eher das Gefühl, als müsse da mal ein ärztlicher Berater ans Werk, um sich die Ohren genauer anzusehen! Gerade jetzt aber funktionierten sie sensationell. Ich schwöre, er hätte in dem Zustand auch Gras wachsen hören! Auch seine Augen funktionierten hervorragend! Er sah Autos, die noch ganz weit weg waren – und warnte mich vor ihnen, nur für den Fall, dass ich diese nicht bemerkt hatte. Fand ich sehr rücksichtsvoll von ihm! Und so ging es weiter! Sein Sinn für Geschwindigkeit war besonders empfindlich. Sobald ich anfuhr – ja!!! ich fuhr NUR an – schrie er schon auf, ich wäre viel zu schnell unterwegs. Kein Wunder, dass ich STÄNDIG!!! Knöllchen wegen Geschwindigkeitsüberschreitung bekäme – so wie ich rasen würde! Ein Formel1-Fahrer wäre ja ein Schiss dagegen ... Ja, es war eine sehr heitere Fahrt. Seine Freunde waren vermutlich ziemlich erleichtert, als sie endlich aussteigen duften ...

Zu Hause angelangt merkte ich allerdings, dass der Kampf seine Spuren hinterlassen hatte. Seine Sinne mochten ja geschärft worden sein, seine Bewegungen und Koordination ließen jedoch zu wünschen übrig ...

Dass er selbständig und ohne fremde Hilfe unsere Treppe hinauf kam, wundert mich noch immer. Jedenfalls lag er schon friedlich schlummernd im Schlafgemach, als ich zu ihm kam. Vorsorglich hatte er sogar den Eimer vorm Bett platziert! Braves Kind!

Unsere Fahrradtour ließen wir dann mal sicherheitshalber ausfallen und begnügten uns mit einer größeren Hunderunde. Gegen 20:30 Uhr hörten wir ein Poltern in der ersten Etage, dann auf der Treppe, und wunderten uns sehr, als unser Sohn plötzlich im Wohnzimmer stand. Die Spuren des Kampfes waren deutlich zu sehen – aber, das muss man einfach mal erwähnen: Er stand schon wieder gerade auf seinen Beinen und konnte verständlich reden – wenn auch nicht schnell! Hihihi ...

Er hatte großen Durst (oh Wunder!!!) und Hunger!!! Und das verwunderte mich in der Tat! Er ging unter die Dusche und war danach (fast) topfit!!!

Mein Mann schaute ihn an, als ob der Leibhaftige selbst vor ihm stünde! Kein „dicker Kopf", kein Schwindel, keine Übelkeit – nichts! Mich wunderte fast, dass er seinen Sohn nicht kniff, um festzustellen, ob es wirklich sein Sohn war!

Dieser Gesichtsausdruck! Einfach herrlich! Wie kann ich ihn am besten beschreiben? Es war eine Mischung aus Respekt (vielleicht sogar stiller Bewunderung?), Verwunderung und vor allem: NEID!!!

Ich bekam dann noch einen ausführlichen und kostenlosen Vortrag über die Blessuren und die anhaltenden Folgeschäden der Schlachten und Kämpfe meines Mannes. Und wie ungerecht die Welt doch sei. Mein armer Krieger ...

Darauf tranken wir dann einen und feierten aus diesem ereignisreichen 1. Mai heraus.

Danke, kleiner Prinz

Es sind die dunklen Momente, die uns verstummen, verzweifeln und hoffnungslos werden lassen. In denen wir glauben, es würde nie wieder hell werden. Wir würden nie wieder lachen oder tanzen.

Dieser Tag, von dem ich spreche, war so einer! Die Beerdigung meines Schwiegervaters.

Eines liebenswerten Menschen, der so viel Güte in sich trug und so viel Freude am Leben hatte, dass uns sein Tod wie ein Schlag traf.

Dieser Montag, an dem wir ihn das letzte Mal begleiteten, wurde für mich zu einem ganz besonderen Tag. Nachdem wir den letzten Trauergast verabschiedet hatten und noch eine Weile gemeinsam mit unserer Schwiegermutter zu Hause saßen, verabschiedeten auch wir uns fuhren heim. Diesmal war es anders. Er stand nicht mehr zum Abschied in der Tür und winkte uns nach, bis er uns nicht mehr sehen konnte. Es brach uns fast das Herz.

Jeder hing seinen Gedanken nach und jeder von uns suchte nach einer Beschäftigung, die uns von diesen schmerzenden Gedanken ablenken würde.

Am Abend, als ich unseren Jüngsten zu Bett brachte, merkte ich sehr schnell, dass er noch einen besonders großen Gesprächsbedarf hatte, und so legte ich mich zu ihm ins Bett. Er hatte soo viele Fragen zum Tod! Und dann stellte er mir eine ganz besondere Frage: „Mama, wie fandest du heute die Beerdigung?"

„Schrecklich", konnte ich nur antworten.

Er schaute mich an, als suche er nach den richtigen Worten. „War denn alles schrecklich für dich?", fragte er noch einmal nach.

Mir war klar, dass er etwas ganz bestimmtes meinte,

und so fragte ich ihn: „Was genau meinst du?"

„Naja, ich fand es so toll, was der Pastor gesagt hat über Opa. Dass er immer zum Abschied an der Haustür stand und uns gewinkt hat. Ich fand es schön, wie alles geschmückt war und unser Blumenschmuck! Die Kränze sahen soo schön aus!"

Ich war völlig sprachlos! Ja – er hatte Recht! Er hatte ja so Recht!!! Natürlich war es ein unglaublich trauriger Tag, fast unerträglich dunkel – und dennoch gab es lichte Momente! Und ich hatte sie zunächst nicht wahrgenommen! Erst, als mein kleiner Prinz mich mit seinen kindlichen Augen und dem Verstand eines großen, weisen Mannes darauf aufmerksam machte, füllte sich mein Herz mit einer solchen Liebe und Dankbarkeit, dass es scheinbar überquoll. Ich konnte nur noch weinen. Wir lagen noch lange Arm in Arm in seinem Bett und spürten diese unglaubliche Nähe zueinander, obwohl wir gerade einen so großen Verlust erlitten hatten. Ein magischer Moment!

Danke, kleiner Prinz, dass ich ab und zu die Welt mit deinen Augen sehen darf!

Verkehrserziehung der anderen Art

Als ich gestern nach Hause kam, war ich guter Dinge, wunderte mich allerdings, dass meine Jungs nicht einmal zur Begrüßung die Köpfe aus ihren Zimmern steckten.

Sicher: Die Zeiten, in denen sie mir freudig entgegensprangen wie kleine, treue Hunde, wenn ich zur Tür reinkam, sind längst vorbei! Aber zumindest ein freundliches „Halloohooo!" (in der Regel, wenn es etwas Freudiges zu berichten gibt – wahlweise auch, wenn sie etwas von mir wollen!!!) oder ein knappes „Tach!" ist sonst schon mal zu hören ... Gestern – nichts!

Also stiefelte ich nach oben und traute meinen Augen kaum: Da hockten sie beide in trauter Zweisamkeit auf dem Bett unseres jüngsten Sprosses! Das allein hätte mich schon stutzig machen müssen – aber der ewig hoffende Geist in mir sagte sich: „Ach, schau an, wie niedlich! Jetzt, wo sie älter werden, finden sie vielleicht doch noch zueinander!" – und mein Mutterherz schwoll an und öffnete sich ...

Und wie sie zueinander gefunden hatten!!! Das sollte ich gleich erfahren!

Noch immer wunderte ich mich nicht, als ich die verschwörerischen Blicke untereinander sah – nein! Das waren freundliche, wohlwollende Blicke unter Geschwistern! Jawoll!

Auf meine Frage, wie denn ihr Tag verlauf sei, wurde das Grinsen immer breiter und – doch(!), es WAR verschwörerisch! Genau jetzt brummten meine mütterlichen Alarmglocken. Zunächst verhalten – dann immer schriller – und das zu Recht, wie sich herausstellte ...

Mir war das Grinsen vergangen, weil ich ahnte, dass ich nun etwas zu hören bekam, das mein Mutterherz nicht erfreuen würde. Und so war es!

Die Mitfahrgelegenheit unseres Ältesten musste an

diesem Tag länger arbeiten – und hatte dummerweise vergessen, ihn darüber zu informieren. Nun wusste er nicht, wie er nach Hause kommen sollte. Statt seinen Vater (oder wahlweise auch mich, seine Mutter) anzurufen, machte er das einzig Logische: Er rief seinen kleinen, 14-jährigen Bruder an, ob er ihn vielleicht mit dem Roller abholen könne! Natürlich – was lag auch näher?

Mein Einwand an dieser Stelle war, dass sich schon seit Jahren kein Tretroller mehr in unserem Besitz befindet.

Das breite Grinsen, das mir dann entgegen schlug, nahm mir fast den Atem! Nee!!! Das konnte ja nun nicht sein! – Weil nicht sein kann, was nicht sein darf???

Ich weiß nicht, was mich mehr traf: das immer noch nicht wahrhaben Wollen oder die Tatsache, dass die beiden sich in einem Gefühl sonnten, das nur sie zu wärmen schien. – In einer ganz eigenen Welt, zu der ich keinen Zutritt mehr hatte!!!

„Ich hab nie behauptet, dass mein Bruderherz mich mit dem Tretroller abgeholt hat!", riss mich unser Großer aus meinen Gedanken. Und dann brachen beide in schallendes Gelächter aus. – Okay, jetzt war ich beruhigt! Sie hatten mich voll verarscht und nach allen Regeln der Kunst zum Narren gehalten! Respekt, Jungs! Gutes Schauspiel!

Meine Erleichterung war mir anzusehen und ich setzte mich entspannt zu den beiden. Doch was war das da in ihren Blicken? Wieder keimte in mir etwas, das ich nicht benennen konnte. Es fühlte sich auf jeden Fall nicht gut an ...

Sollte mein „Kleiner" etwa ganz allein und ganz *in echt* den MOTORISIERTEN Roller genommen haben? Ach, Quatsch – der kann doch gar nicht fahren! Er weiß doch gar nicht, wie das Teil angeht!

Genau dieser Einwand wurde mit den Worten abgeschmettert: „Wofür gibt´s Handys? Ich hab *Mr. Unerschrocken* alles live übers Handy erklärt!"

Das Grinsen wurde noch breiter ...

„Nee – ist klar! Mann, verarschen kann ich mich allein! Sag mal, wie bist du wirklich nach Hause gekommen?"

„Wir haben sogar Fotos gemacht, Mama! Schau hier, hab alles auf dem Handy!"

Damit zückte er sein Lieblingsspielzeug und zeigte mir ein paar Fotos, auf denen eindeutig auf unser „Kleiner" zu sehen war – auf dem Roller!

„Na klar! Glaubt ihr eigentlich, ich wär total bescheuert? Das ist ein Fake!!! Die Fotos habt ihr im Feld gemacht – irgendwann!"

„Dann glaub´s halt nicht!"

Gut, dass ich schon saß, denn jetzt traf es mich mit voller Wucht: SCHEIßE man, das hier war kein verschissener Fake!!! Das meinten die vollkommen ERNST!!!

In diesem Moment muss mir sämtliche Farbe aus dem Gesicht gewichen sein, denn die Kinder guckten mich besorgt an und fragten: „Alles okay, Mama?"

ALLES OKAY???

NEIN! Gar nichts war mehr okay! Das hatten die echt gemacht. Ganz und gar und *in echt* ...

Ich wusste nicht, was ich sagen sollte – was nebenbei gesagt äußerst selten vorkommt!!! Ich entschied mich, zunächst die Situation zu verlassen, um meine Gedanken klar zu ordnen! Allerdings nicht ohne den Hinweis, dass das Konsequenzen haben würde!

Als ich meinem Göttergatte von der „Heldentat" berichtete, blieb er völlig gelassen, schaute mich an, grinste und meinte: „Coole Aktion! Hätte ich dem kleinen Kerl gar nicht zugetraut!"

„Das ist jetzt nicht dein Ernst, oder?"

Das ist für gewöhnlich der Moment, wenn es zwischen Ehepartnern mal so richtig kracht! Aber irgendwie konnte ich meinem Mann so gar nicht böse sein. Es war nichts passiert, das war das Wichtigste! *Mr. Unerschrocken* hatte *einfach* nur seinem Bruder helfen wollen (was ja nun wiederum für seine Sozialkompetenz spricht!!!), und über Konsequenzen wurde da nicht im Entferntesten nachgedacht! Und als wir da so saßen, so ganz allein in unserer Küche, mussten wir beide lachen! Verhalten – versteht sich! Die Jungs durften das unter keinen Umständen mitbekommen!

Also schmiedeten wir einen Plan: Die Jungs bekamen eine Standpauke vom Feinsten und eine Konsequenz, die sie so richtig ankotzen würde! Ich dachte, es wäre angebracht, eine zu wählen, die in direktem Zusammenhang mit Straßenverkehr etc. stehen würde. Aber was sollte man da bloß finden? Und dann hatte ich die Idee! Ich fühlte mich geradezu wie „Wicki" von „Wicki und die starken Männer", der gerade an seiner Nasenspitze gerieben hat. Und als ich vor meinem inneren Auge noch die Sternschnuppen fallen sah, schaute ich meinen Liebsten verschwörerisch an ...

Wir ließen die Jungs gemeinsam in der Küche antanzen. Sie kamen im Entenmarsch herein und sahen aus, als wären sie geradewegs auf dem Weg zur Schlachtbank!

Dann holte ich es raus: das GANZ GROßE pädagogische Besteck!

Scheibe für Scheibe begann ich sie zu tranchieren! Schnitt ihren Leichtsinn weg, ihre Unverantwortlichkeit, ihr mangelndes Rechtsbewusstsein. Stück für Stück arbeitete ich ihren reinen, unverdorbenen Kern heraus! Oder besser gesagt: Ich war auf der Suche nach ihm. So richtig wollte der sich nämlich nicht zeigen! Einsicht sieht anders aus ...

Aber als sie dann eine halbe Stunde später mit schwerem Gerät bewaffnet beide Autos putzten (aber so was von tipptopp), dämmerte ihnen wohl doch, dass die Aktion nicht ganz so cool war, wie zunächst gedacht!

Mein Mann und ich machten uns noch ein Käffchen und beobachteten sie aus sicherer Entfernung durch´s Fenster.

„Sag mal, hat man mir eigentlich während der Standpauke angemerkt, dass ich mich richtig zusammenreißen musste, um nicht loszulachen?", fragte ich ihn, während wir genüsslich unser Käffchen schlürften.

„Musstest du?", fragte er schelmisch. „Nein, keine Sorge! Du warst sehr überzeugend!" Er hob die Tasse und wir prosteten uns zu.

„Aber das bleibt unter uns!"

Die Autorin

Nicole Reckersdrees, Jahrgang 1969, lebt mit ihrer Familie im schönen Münsterland.

Mit ihrem Debüt **Gewinner der Herzen** beschreibt die pädagogische Mitarbeiterin einer offenen Ganztagsschule auf sehr fröhliche und offene Art und Weise ihren Alltag als Mutter. Nebenbei findet sie noch Zeit fürs Campen, Surfen und Yoga und singt in einem Chor.

Foto: privat

Dankesworte

Ein dickes Dankeschön geht an meine langjährige Freundin Michaela. Danke, dass du nie aufgehört hast, an mich zu glauben und mich zu ermutigen, diese Texte zu veröffentlichen!

Und vor allem danke ich meiner wunderbaren Familie. Ohne euch wären diese Geschichten nicht entstanden. Ihr seid die wahren Helden – eben echte Gewinner der Herzen.

Pappalappa Mirzapan – Gedichte für besondere Kinder
Anthologie, Hrsg. Franziska Röchter
Mit einem Nachwort von Bernhard Winter
chiliverlag, November 2016, ISBN 978-3-943292-49-7
80 Seiten, 8,90 Euro

Rund 35 Autorinnen und Autoren, unter ihnen Alex Dreppec, Bernhard Winter, Jürgen Völkert-Marten, Elisabeth Drab u. v. m. schreiben Gedichte für ganz besondere Kinder.

Dieses ganz besondere Büchlein gibt Eltern Gedichte an die Hand, um ein Sprachverständnis selbst bei denjenigen Kindern und Jugendlichen zu fördern, von denen man annimmt, sie hätten nicht die nötigen Voraussetzungen, um Gedichte zu verstehen. Ein wunderbarer Band zur spielerischen Unterstützung von Sprachanbahnung und -entwicklung bei Spezialkindern, aber ebenso bei allen anderen Kindern, die Klang, Rhythmus und Stimme genießen und an Versen und Reimen Spaß haben. Mit einem Nachwort von Bernhard Winter, psychologischer Psychotherapeut und Lyriker.

Gatti – Katz'n, Krasse Katzenstories von 21 Autoren
Hrsg. Franziska Röchter
Mit 14 Exlibris und kätzischen Kunstwerken sowie einem kleinen Exkurs
chiliverlag 2015, ISBN 978-3-943292-42-8
188 Seiten, EURO 9,90

Der Band Gatti – Katz'n enthält sehr verschiedene Beiträge von sehr unterschiedlichen Autoren, die offenkundig eines gemein haben: sie mögen Katzen. Berührende, lehrreiche und humorvolle Geschichten erweitern unseren Blickwinkel auf das doch recht filigrane Geschöpf Katze. Selbst die größten Zweifler werden am Ende nicht anders können, als diesem wundervollen Tier positiv entgegenzutreten. Denn wer einmal das Vertrauen einer Katze gewonnen hat und sich von ihrem Schnurren umgarnen lässt, darf sich glücklich schätzen. Schließlich ist und bleibt auch die Hauskatze ein kleines Raubtier.

wir wölfe – Gedichte
Eine poetische Hommage an unsere Tierwelt
Anthologie, Hrsg. Franziska Röchter
Mit Fotos von Heike Großmann und Christine Zeides
chiliverlag 2016, ISBN 978-3-943292-45-9
148 Seiten, Euro 9,90

Annähernd 60 Autorinnen und Autoren, unter ihnen Michael Starcke, Peter Ettl, Esther Ackermann, Thomas Rackwitz, Sören Heim, dichten über die Vielfalt und den Artenreichtum unserer Tierwelt. Aus den Gedichten und den Fotos von Heike Großmann und Christine Zeides spricht eine große Wertschätzung gegenüber Tieren und ein Erkennen ihrer unglaublichen Einzigartigkeit sowie Bewunderung ihrer Schönheit.

Mal humorvoll, zunehmend aber auch ernsthaft werden Besonderheiten einiger Tierarten und Wissenswertes poetisch beleuchtet und ihr Dasein in Relation zum Menschen bespiegelt. Mit Gedichten des Anfang 2016 verstorbenen Bochumer Lyrikers Michael Starcke.